«El mensaje de este libro es una verdad para vivirla: *Querida mujer agotada, no puedes hacerlo todo ni tampoco debes hacerlo*. En mi caso, esta declaración me llena de alivio. Años de investigación, asesoramiento y logros se hallan condensados en este libro práctico y de enorme impacto. Dale un respiro ⸱ ⸱⸱ y relaja tus emociones al disfrutar de las revelaci⸱⸱⸱ ⸱⸱ rejuvenecerte. ¡Hay alivio para el cansad⸱⸱

THELM⸱⸱ ⸱⸱ DE FE,
⸱R YOU

«Este libro ofre⸱⸱ ⸱⸱ ⸱⸱ ⸱⸱ en ayuda a todas las mujeres que ⸱⸱ ⸱⸱or fin un sendero que nos aleja de la locu⸱⸱

ELIS⸱⸱ ⸱⸱AN, PRESIDENTA DE *MOPS International*
[MADRES DE PREESCOLARES, POR SUS SIGLAS EN INGLÉS]

«Imagínense lo que fue para mí encontrarme con *La mujer agotada* frente a mi puerta justo el día en que estaba… bueno, ¡agobiada! De solo leerlo experimenté una sensación de paz y de seguridad de que *podía* producir cambios positivos y saludables en mi estilo de vida demasiado ocupado. Steve y Alice ofrecen el equilibrio perfecto de ideas e inspiración, de compasión y de sentido común para ayudarnos a las mujeres agobiadas a encontrar una manera más saludable de vivir. Inspira profundo, querida amiga… y ¡a zambullirse!»

LIZ CURTIS HIGGS, AUTORA DEL ÉXITO DE LIBRERÍA, BUENOS DÍAS, SEÑOR

«Toda mujer necesita captar la verdad de que "nadie podrá despejar su vida sin despejar su corazón". Cuando leas este libro, te sentirás en deuda con Alice y Steve por brindarte elementos prácticos que te ayudarán a eliminar el desorden en tu vida y también a encontrar tu verdadero yo, creado por Dios».

JUNE HUNT, FUNDADORA Y PRESIDENTA DE *HOPE FOR THE HEART*

«¿Cansada? ¿Abatida? ¿Agobiada? Por fin, aquí hallarás la verdadera ayuda. Stephens y Gray te ayudarán a escapar de la trampa del abatimiento de manera que puedas ser todo lo que Dios quiere que seas. Lleno de esperanza, de gozo y de verdad, este libro está salpicado de consejos prácticos y concretos que animarán a cualquier mujer que se sienta contra las cuerdas».

CLAUDIA ARP, COAUTORA DE *LOVING YOUR RELATIVES: EVEN WHEN YOU DON'T SEE EYE-TO-EYE* Y *ANSWERING THE 8 CRIES OF THE SPIRITED CHILD*

«Si estás echando chispas, este agudo libro de orientación es justo para ti. Mis amigos, el Dr. Steve y Alice te guiarán paso a paso hacia ese lugar plagado de gozo llamado equilibrio».

PAM VREDEVELT, AUTORA DE LAS SERIES *UN CAFÉ PARA EL ALMA* Y *LETTING GO*

«Esperanza para la mujer agotada… Yo deseo un poco ¡y lo obtuve! El Dr. Steve Stephens y Alice Gray se han asociado para escribir un libro que fue ¡un golazo de esperanza para mi corazón! Si te sientes enferma y cansada de estar enferma y cansada o quieres evitar sentirte de esa manera, entonces este libro es sin dudas para ti».

PAM FARRELL, COAUTORA DE *MEN ARE LIKE WAFFLES, WOMEN ARE LIKE SPAGHETTI* Y AUTORA DE *WOMAN OF INFLUENCE*

«De tan solo hojear un poco el libro ya supe que estaba frente a algo sumamente especial. Alice Gray y Steve Stephens han creado un oasis para *La mujer agotada*, una salida en la transitada autopista de la vida cargada de ocupaciones. Ya sea de a sorbos o a grandes tragos, encontrarás aguas refrescantes para tu alma como así también nuevas fuerzas y orientación para enfrentar cada nuevo día. Se trata de un libro que leerás una y otra vez, y que además desearás compartir con una amiga».

JOANNA WEAVER, AUTORA DEL ÉXITO DE LIBRERÍA *HAVING A MARY HEART IN A MARTHA WORLD*

La mujer agotada

Dr. Steve **Stephens** y Alice **Gray**

la mujer

Agotada

Cuando tu vida
está llena y tu
espíritu está vacío

Publicado por
Editorial Unilit
Miami, Fl. 33172
Derechos reservados

© 2005 Editorial Unilit (Spanish translation)
Primera edición 2005
Primera edición 2011 (Serie Favoritos)

© 2004 por Steve Stephens y Alice Gray
Originalmente publicado en inglés con el título:
Worn Out Woman, The por Dr. Steve Stephens y Alice Gray.
Publicado por *Multnomah Books*, un sello de
The Crown Publishing Group, una división de Random House, Inc.,
12265 Oracle Boulevard, Suite 200, Colorado Springs, CO 80921 USA
Publicado en español con permiso de Multnomah Books, un sello de
The Crown Publishing Group, una división de Random House, Inc.
(This translation published by arrangement with Multnomah Books, an imprint of *The Crown Publishing Group*, a division of Random House, Inc.)

Todos los derechos de publicación con excepción del idioma inglés son contratados
exclusivamente por GLINT, P O Box 4060, Ontario, California 91761-1003, USA.
(All non-English rights are contracted through: Gospel Literature International, P O Box
4060, Ontario, CA 91761-1003, USA.)

Traducción: Adriana E. Tessore de Firpi
Edición: Rojas & Rojas Editores, Inc.
Diseño de la portada: Ximena Urra
Fotografías de la portada: © 2011 Evgeny Karandaev, Shpak Anton, Nagy Melinda. Usadas
con permiso de Shutterstock.com.

A menos que se indique lo contrario, las citas bíblicas se tomaron de la Santa Biblia, *Nueva
Versión Internacional*. © 1999 por la Sociedad Bíblica Internacional
El texto bíblico señalado con RV-60 ha sido tomado de la versión Reina Valera © 1960
Sociedades Bíblicas en América Latina; © renovado 1988 Sociedades Bíblicas Unidas.
Utilizado con permiso. Reina-Valera 1960® es una marca registrada de la American Bible
Society, y puede ser usada solamente bajo licencia.
Usadas con permiso.

Producto 496937
ISBN 0-7899-2018-2
ISBN 978-0-7899-2018-8

Impreso en Colombia
Printed in Colombia

Categoría: Vida cristiana /Vida práctica /Mujeres
Category: Christian Living /Practical Life /Women

*A las mujeres que
viven para agradar a Dios.
Ustedes nos son de inspiración.*

Índice

Un agradecimiento especial a...

Nuestros amigos Allison Alison, Sandi Bottemiller, Anita Crowther, Carol Clifton, Jen Distler, Barb Majors, Bonnie Marston, Leslie Wait y Marty Williams.

Las perspectivas profundas que nos dieron luego de leer el primer manuscrito se hallan aquí y allá en cada capítulo.

Nuestra editora de confianza, Anne Christian Buchanan.

Si los libros fueran canciones, tú pusiste la melodía.

Nuestros apreciados compañeros de la vida, Tami Stephens y Al Gray.

Sus oraciones y continuo aliento han sido preciosos regalos cotidianos.

Nuestro Señor y Salvador Jesucristo.

Estamos sumamente agradecidos de que nos continúes enseñando. Aunque todavía nos falta mucho por aprender, nuestra petición y anhelo es que te complazcas en lo que hemos escrito.

Nota al lector

En este libro hemos incluido muchas historias verídicas.
Sin embargo, a menos que contemos con la autorización
específica de la mujer involucrada, hemos cambiado el
nombre y modificado las circunstancias para proteger
su privacidad.

Noche de invierno

Estoy agobiada y deshecha.

BEATRIX POTTER, *THE TAILOR OF GLOUCESTER*

Era ya tarde en una fría noche de invierno cuando cinco mujeres nos quedamos junto a la chimenea en un conocido centro de retiros. Elegimos un cálido y acogedor rincón que estaba cuidadosamente amueblado para brindar comodidad al conversar. El brillo relajante de las brasas que ardían, las tazas de humeante chocolate y el cansancio agradable después de un día de conferencias nos reunió. Recogimos los pies envueltos en gruesas medias, nos acurrucamos en los mullidos almohadones e iniciamos una conversación que cambiaría el curso de nuestra vida.

Cuando las mujeres nos apartamos de la frenética agenda y las preocupaciones diarias, resulta fascinante cómo de inmediato nos abrimos a hablar de cosas íntimas. Es una intimidad que se da no solo con Dios y el deseo de nuestro corazón sino que también entre nosotras a través de charlas sinceras. Si bien las cinco nos habíamos conocido esa tarde, el ámbito del retiro había develado su magia y allí estábamos, listas para conversar como si fuéramos íntimas amigas.

Dediqué (habla Alice) unos momentos a analizar el grupo y no pude menos que sonreír al descubrir el increíble mosaico que formábamos. Distintas edades, distintas personalidades, distintas circunstancias. Y aun así, logramos una camaradería inmediata. El hilo conductor que nos unía a todas era el profundo deseo de ser la clase de mujer que Dios tenía en mente cuando nos creó. Sin embargo, al conversar descubrí otra cosa que teníamos en común: la sensación de estar demasiado agobiadas para ir tras lo que nos apasiona.

A veces en un susurro, otras con lágrimas en las mejillas, estas mujeres comentaron su hastío y frustración:

- La mayoría de los días me siento abrumada.
- Deseo salir corriendo y comenzar de nuevo.
- Desperdicié mi vida.
- Rara vez experimento momentos tiernos de intimidad con el Señor.
- Mis días están llenos de cosas que no deseo hacer.
- Cuando leo la Biblia es más un hábito que un deseo.
- He perdido el gozo y el entusiasmo.
- Me despierto desanimada.
- Tengo responsabilidades que nunca quise tener.
- Diento que me he fallado; pero quizá es a Dios a quien le he fallado.

Cuando el tiempo de conversar llegaba a su fin, noté que las mujeres me miraban como buscando una solución. Como yo era la conferencista, esperaban que les diera las respuestas para sus numerosos interrogantes: «¿Cómo llegué a esto?» y «¿Hay alguna salida?». Deseaba ayudarlas pero no tenía la respuesta precisa que satisficiera completamente el anhelo de su corazón.

De todos modos, estas mujere[...]
y ahora era mi turno de sincerar[...]
esos sentimientos que ellas hab[...]
muchas veces estaba en mi pr[...]
mente sincera en mi anhelo d[...]
sea y había conseguido avanzar u[...]
nes mi vida parecía abrumadora y descontrolada.

caigo en lo que yo llamo «ritmo de carrera», me doy cuenta de que
tengo aún mucho por aprender. Como aquellas mujeres reunidas
allí, seguía buscando ese tesoro transformador de la vida llamado
equilibrio.

Ellas fueron maravillosas conmigo aquella noche. Me dio la
impresión de que me amaban más cuando vieron mi sinceridad
que cuando creyeron que ya lo tenía todo resuelto. Nos tomamos
de las manos y oramos por cada una. Terminamos la velada con
prolongados abrazos y promesas susurradas de hallar las respuestas que cambiaran nuestro ritmo de vida.

Desde entonces, pareciera que me he encontrado cada vez con
más mujeres que luchan con las mismas cargas de las que hablamos aquella noche. La mayoría son mujeres llenas de energía y
realizadas. Anhelan sinceramente lo que Dios desea para su vida.
Y, sin embargo, están exhaustas, desanimadas, apagadas, sin gozo.
Saben que algo no anda bien, pero no están seguras de cómo solu-
cionarlo y ni siquiera están seguras de contar con las energías para
intentarlo.

¿Te parece conocido? No estás sola. La mujer agotada tiene
muchas hermanas, pero hay esperanza abundante para cualquier
mujer agobiada, de modo que, por favor… ¡continúa leyendo!

s después del retiro, conversaba con mi amigo, el
ve Stephens, que mencionó su preocupación en cuanto
ujeres que están sobrecargadas y cómo eso afecta al matri-
io, a los hijos, su profesión, las amistades y la intimidad con
ios. Steve es un terapeuta cristiano especializado en matrimonio
y familia quien, en veinticinco años de experiencia, ha ayudado a
cientos de mujeres que sufren las consecuencias de vivir bajo gran
presión. Desde entonces, Steve y yo hemos trabajado juntos en
una serie de ocho libros llamados *Lists to Live By*. Cada vez que
terminábamos uno, nuestra conversación parecía regresar a nuestro deseo de ayudar a las mujeres a que hallaran un equilibrio en
su vida. Por último, luego de horas de conversaciones y de oración, comenzamos este libro… que esperamos que brinde algunas
de las respuestas que las mujeres agobiadas están buscando.

En cierto sentido somos una pareja escritora un tanto inusual,
porque nuestras vidas son muy distintas; sin embargo, confiamos
en que cada uno tiene algo especial con lo que contribuir. Steve es
un consejero profesional que ha conseguido resultados positivos,
e incluso impactantes, en innumerable cantidad de mujeres que
han seguido sus sabias indicaciones. Además de ser un líder en la
comunidad cristiana, Steve es muy respetado por su capacidad de
aconsejar con el justo equilibrio entre la gracia y la verdad. Steve
ha estado casado con su querida esposa Tami durante veinte años.
Residen en Oregón (EE.UU.) y tienen tres hijos. También es un
orador muy solicitado para retiros de parejas y de familias.

Por el otro lado, yo soy una mujer que ha experimentado esto
de lo que escribimos (más sobre esto después). Además he ejercido
diversas funciones en los ministerios femeninos y disfruto de dar

conferencias, estudios bíblicos y grupos pequeños como MOPS (*Mothers of Preschoolers* [Madres de preescolares]). La mesa de mi cocina es con frecuencia un sitio acogedor donde conversar con las mujeres que necesitan que alguien las escuche y se preocupe por ellas. Mi maravilloso esposo, Al, y yo vivimos en Arizona. Llevamos treinta y siete años de casados y tenemos dos preciosas nietas. (¡Tengo fotos, por supuesto!)

Como vivimos en estados distintos, Steve y yo en un principio nos dividimos los capítulos y cada uno escribió por su lado. Luego pasamos días hablando por teléfono para unificar criterios y experiencias, además de reescribir juntos los capítulos. Durante este proceso, fuiste tú como lectora a quien tuvimos siempre en mente y en nuestras oraciones, por lo que este libro tiene una estructura que es intencional.

Como sabemos que estás ocupada (¿y por qué otra cosa te sentirías agotada si no?), hemos escrito capítulos breves y prácticos. Cada uno puede leerse en pocos minutos y enseguida ponerse en práctica. Hemos además incluido una parte al final de cada capítulo que te ayudará a recordar los principios importantes para que intentes ponerlos en práctica. Al mismo tiempo, creemos que nadie puede despejar su vida sin también despejar su corazón, por lo que hemos incluido material para que puedas profundizar un poco en las razones por las que *podrías* estar sintiéndote agobiada. Hemos incluido capítulos para todas las esferas de tu vida: emocional, mental, social, física y espiritual.

Puedes leer este libro en el estricto orden en que lo hemos armado o, si lo prefieres, puedes fijarte en el índice y escoger lo que deseas leer primero. Algunos temas solo los trataremos en forma superficial, por lo que si deseas más información, te sugerimos que consultes la lista de lecturas sugeridas al final del libro.

> *Desde ahora, acogeré los buenos momentos con brazos abiertos. Saldré a caminar y a sentir el sol en el rostro, y aprenderé a reír, a volver a reír de veras.*
>
> *Por sobre todo, recibiré todo el amor que venga a mi vida y me aferraré a él como si mi vida dependiera de ello. A veces no necesitamos un nuevo escenario, sino nuevos ojos.*
>
> DAWN MILLER[1]

En todo esto, deseamos animarte y serte de inspiración porque estamos convencidos de que hay esperanza. No importa cuán estresada y abrumada te sientas, puedes experimentar la vida plena que Dios ha planeado para ti. Aunque hayas estado agobiada por tanto tiempo que ya ni recuerdas lo que es relajarse, reírse y sentir paz, puedes recobrar en verdad esas simples alegrías de la vida.

Y ahora damos un salto con nuestra mente e imaginamos cómo te sentirás cuando finalices la lectura. Rogamos a Dios que puedas dejar atrás los interrogantes de la noche invernal y comiences a vivir las respuestas de un glorioso nuevo día.

Algo para que lo intentes

Elige una opción...

- ❋ Escribe varias oraciones que describan qué te guió hasta este libro y cómo esperas que te sea de ayuda.

- ❋ Repasa lo que comentaron las mujeres en el retiro. Encierra en un círculo las que más se identifican con tus sentimientos. ¿Qué comentarios agregarías a la lista?

- ❋ Anota tres cosas que hayas intentado en el pasado para sobrellevar esa sensación de abatimiento. ¿Qué resultó y qué no?

- ❋ Compra una bolsita de confeti y elige un bonito recipiente de vidrio para colocarlo en la mesa de la cocina o en tu escritorio. Cada vez que tengas un día feliz (o cada vez que leas un capítulo de este libro), pon un confeti en el frasco. Cuando este se llene, ¡festeja! Me encanta lanzar el confeti al aire y dejarlo donde caiga por uno o dos días. El solo verlo me produce felicidad.

¿Qué sucede?

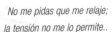

«**M**ami, no me siento bien».

La pequeña Susi se veía pálida. En forma instintiva la madre le tocó la frente y la sintió caliente. Entonces, tomó el termómetro para tomarle la temperatura. Un procedimiento simple, pero que provee información importante.

Del mismo modo, harías bien en realizar un rápido análisis de tu nivel de cansancio; sería como tomar la «temperatura» de tu vida para ver cuán agobiada estás. En este mundo agitado, con un ritmo vertiginoso, en el que hay que exprimir el día al máximo, puede que estés más exhausta de lo que crees. Cada uno de nosotros tenemos nuestros límites o puntos de quebrantamiento. Si te acercas demasiado a ellos, estarás en riesgo de cualquier cantidad de problemas.

Sin embargo es probable que ya lo sepas. No precisas que te digan que estás cansada y estresada, porque así te sientes todos los días. Y no estás sola. Según algunos estudios, se estima que hay más de sesenta millones de mujeres agobiadas en los Estados Unidos, y otro tanto están en camino de sentirse exhaustas y abrumadas.

Al aconsejar mujeres (habla Steve) acerca de su vida y sus preocupaciones, me asombra la cantidad de cosas que tratan de mantener en equilibrio: el cuidado de los hijos, preparar la comida, limpiar, decorar y mantener su casa, colaborar voluntariamente con el colegio, la iglesia y actividades de la comunidad, hacer reuniones en su casa, equilibrar las finanzas, trabajar en empleos a tiempo completo o a tiempo parcial, amar a sus esposos, cuidar a sus padres ancianos y velar por los demás aspectos de su vida diaria.

Me preocupa que muchas mujeres trabajen al 120% de su capacidad y encima se sientan culpables por no estar haciendo más. Quizás esto sea lo que te ocurre a ti también. Asumes lo que haces con seriedad y tratas de hacer tu mejor esfuerzo. Sé cuán responsable, comprensiva, diligente y activa eres; pero tu vida está tan ocupada que te quedas sin fuerzas mucho antes de que termine el día.

Querida mujer agobiada, no puedes hacerlo todo ¡ni tampoco debes hacerlo!

> ¿Te ha pasado que aunque vas haciendo las cosas «día por día»... te lleva veinticuatro horas más de las que puedes tomarte?

AUTOR DESCONOCIDO

¿Cuánto es demasiado?

Las mujeres que vienen a consultarme son bien conscientes de que se sienten agobiadas, pero muchas no están seguras del significado de los síntomas y cuán serios estos pueden ser. Se preguntan si serán demasiado sensibles, si es el síndrome premenstrual, si estarán entrando en la menopausia o si solo pasan por «una etapa». Sin embargo, aun cuando parte de su agotamiento se deba a temas relacionados con las hormonas o las etapas de la vida, por lo general descubro que también están haciéndole frente a una sobrecarga a largo plazo.

De modo que ¿cómo haces para saber cuánto es demasiado? Las posibilidades son que tu cuerpo y tu mente han tratado de comunicártelo, pero has estado demasiado acelerada para siquiera notarlo. O tal vez te has acostumbrado tanto a sentirte agobiada que estar exhausta te parece normal. Ni siquiera puedes imaginar cómo es sentirse con vitalidad y energía adicional.

Si ves siquiera el más leve asomo de que estás agobiada, te animo a que pases de inmediato a las páginas 24 y 25 para realizar una pequeña evaluación. Allí se enumeran dieciocho síntomas de sobrecarga. Cada uno puede significar un problema, pero cuantos más tengas, mayor será tu riesgo. Luego de que marques los síntomas, detente por un momento y analiza qué puede haber detrás de tus respuestas. Determina si estas condiciones son constantes o si van y vuelven. ¿Cuándo aparecen y qué cosas están involucradas cuando lo hacen?

Si experimentas más de tres de estas señales básicas de alarma en forma constante, es hora de realizar algunos cambios. Trata de no descartar el resultado con frases como: «Así es la vida» o «Tan mal no lo estoy haciendo». Si te cuesta evaluarte tú misma, una magnífica manera de verificar tu evaluación es que una amiga cercana complete esa lista por ti y marque las señales que nota en tu vida.

¿Eres una mujer agobiada?

La prueba de más abajo te ayudará a «tomar la temperatura» de tu vida en lo referente a la sobrecarga de estrés. Lee la lista con cuidado y marca cada ítem que hayas experimentado más de una vez en la última semana.

Suma la cantidad de marcas para una rápida valoración de cuán agobiada te hallas en este momento y poder evaluar tu «puntaje» según las referencias clave al final de la prueba.

❑ Te irritas o impacientas por nimiedades.

❑ Te cuesta dormirte o mantenerte despierta.

❑ Pareces estar demasiado sensible.

❑ A veces estás tan extenuada que no consigues relajarte.

❑ Piensas: *En cuanto salga de esta, haré algunas de las cosas que realmente deseo hacer.*

❑ Te molesta estar tan olvidadiza.

❑ Te distraes con facilidad, aun de las cosas que disfrutas.

❑ Tus amigos te dicen que eres temperamental.

❑ Te quedas sin fuerzas antes de que termine el día.

❑ Te cuesta tomar determinadas decisiones o ajustarte a ellas una vez que las has tomado.

❑ Te enfadas cuando las cosas llevan más tiempo de lo planeado.

❑ Descubres que estás comiendo cuando en realidad no tienes hambre.

❑ Evitas pasar tiempo con la familia o los amigos porque eso te roba demasiada energía.

❑ Nada te parece divertido ni emocionante.

❑ Disfrutas del flujo de adrenalina de trabajar las fechas topes de último minuto.

❑ No estás trabajando de acuerdo a tu nivel de capacidad.

❑ Descubres que la preocupación te distrae de alcanzar tus objetivos.

❑ Tienes dificultad para delegar tareas porque crees que tú puedes hacerlo mejor.

Si marcaste…	Tu nivel de estrés probablemente es…
1–6	Leve a moderado: ten cuidado
7–12	Serio: necesitas realizar algunos cambios
13–18	Severo: ¡consigue ayuda inmediata!

Un motivo de esperanza

Cuando hablo en grupos de mujeres y les menciono esta breve prueba, las mujeres se me acercan y dicen: «Pensé que estaba bien lo que hacía, pero ahora de veras que me siento agobiada y estresada».

Mi respuesta: «¡Eso es fabuloso!» por lo general las toma por sorpresa.

«¡Eso es fabuloso!», sigo diciendo, «porque ahora hay esperanza.»

Mientras niegues, pases por alto o minimices estos síntomas, vas a tener problemas. Aun un nivel de leve a moderado es señal de que algo no está bien. Cuanto mayor sea tu puntaje, mayor es la probabilidad de que te enfrentes con serias consecuencias. Si no haces algo para cambiar, posiblemente termines con problemas de salud, relaciones que se disuelven, serias depresiones y otras innumerables y difíciles consecuencias.

¡Pero no te asustes! Hay esperanza para la mujer agotada, pero tienes que entrar en acción. Tienes que *hacer* algo.

La triste realidad indica que los problemas de nuestra vida es raro que mejoren por sí mismos. Si tienes una astilla en el dedo, ¿qué sucede? Supongo que habrá una leve posibilidad de que esta se salga por sí sola, pero lo más probable es que se infecte. El dedo se pondrá colorado y dolerá. Con el tiempo, se hinchará y comenzará a latir con un dolor punzante. La infección se propaga y, si no recibe tratamiento, tiene incluso el potencial de causarte la muerte. Sin embargo, si te tomas el tiempo de sacarte la espina y tal vez tomar un antibiótico, el dedo quizá esté bien en un par de días.

Es relativamente simple ocuparse de un dedo infectado, pero ocuparte de tu cuerpo, mente y espíritu agobiados tiene sus bemoles. Puede que sepas que debes hacer algo, pero te sientes demasiado cansada o frustrada para hacer cualquier cosa.

Si es así en tu caso, considera que ya has dado el primer paso hacia el cambio, que es reconocer que tienes un problema. Con la ayuda de Dios y el apoyo de quienes te aman, puedes dar otro paso, y luego otro más hasta que consigas salir del surco en que estabas transitando. El recorrido no siempre es fácil ni existen las soluciones rápidas; pero tener un plan sirve de mucho. Eso es exactamente lo que espero que encuentres en los siguientes capítulos: algunas estrategias simples y probadas que pueden llevarte en la dirección correcta.

Si sigues estos pasos, probablemente puedas quitar la palabra *agobiada* de la lista de adjetivos que te describen. En cambio, podrás mencionar palabras como *viva, afectuosa, confiable, decidida, gozosa, vibrante y vital.*

Tal y como Dios planeó que vivieras.

Algo para que lo intentes

Elige una opción...

- Con tus propias palabras, escribe los síntomas de abatimiento que experimentas. ¿Cuál es el que más te preocupa?

- Identifica las personas y las circunstancias que crees que pueden contribuir con tu fatiga. ¿Qué pasa con tus hábitos y tendencias?

- Dedica unos minutos a leer la tabla de contenido. Si algunos capítulos te atraen más que otros, pon una marca. Define si vas a leer este libro de corrido o si prefieres leer primero los capítulos marcados.

- Durante los días que siguen, separa una hora o dos para hacer algo para ti misma. Una caminata, una siesta en el patio, repantigarte con un buen libro, disfrutar un almuerzo tranquilo con una amiga... cualquier cosa que te resulte confortable e implique un descanso para ti.

2

Cuenta tu historia

Dios es...
Alguien que comprende tu pasado
cree en tu futuro
y te ama tal como eres.

ADAPTADO, AUTOR DESCONOCIDO

ay una historia que revela qué es lo que te ha llevado a este punto, una historia única y exclusiva que toma la forma de quién eres y lo que has hecho. Las personas y las cosas que ocurren en tu vida también te han afectado. Puede que tu historia tenga capítulos oscuros y también felices; puede que estés satisfecha con algunas partes e insatisfecha con otras. En ocasiones quizá te preguntes si no estás demasiado cansada para terminar bien.

Donde sea que te encuentres en tu historia, Dios es tu coautor, y a Él le encantan los finales maravillosos. Sin embargo, mirar atrás, a los primeros capítulos, puede ayudarte a tener una idea de lo que ha sucedido en el pasado y cómo puede afectarte en los días venideros. Lo más importante de todo es que puede evitar que caigas en viejos y negativos patrones de conducta.

Con esto no queremos decir que necesites desentrañar el pasado antes de comenzar a cambiar el futuro. Claro que no.

Incluso puede que decidas reservar este capítulo «retrospectivo» para más adelante y avanzar con soluciones más activas. No hay problema en que lo hagas, siempre y cuando en algún momento dediques tiempo a considerar qué fue lo que te llevó a los gastados surcos donde te encuentras.

Así que… ¿cuál es tu historia? Le pedí (habla Alice) a varias mujeres agobiadas que me contaran su historia. Aunque solo me dieron breves vislumbres, cada historia brinda alguna explicación de la fatiga presente de estas mujeres.

Susana describe su infancia como feliz y dice que algunos de sus mejores recuerdos fueron los momentos compartidos con su padre. Sin embargo, cuando Susana tenía once años, los negocios del padre comenzaron a andar mal y él se convirtió en alcohólico. De ahí en adelante, Susana describe su vida familiar como «vivir sobre un barril de dinamita». Nunca sabía qué provocaba la reacción de su padre, así que se concentró en tratar de evitar sus arrebatos siendo «perfecta». Me comentó que había trasladado ese perfeccionismo a su vida adulta. El problema es que, no importa lo que haga, jamás se siente suficientemente buena. No consigue agradar a todo el mundo y está cansada de intentarlo.

Beth dice que ha sido tranquila y reflexiva «desde siempre». No consigue recordar algo traumático de su infancia, si bien siempre se ha preocupado por todo y en ocasiones se siente abrumada por las injusticias del mundo. Ahora se preocupa por el futuro de sus hijos y hace todo lo que puede para asegurarse de que solo reciban las mejores influencias. Está contenta con el hogar que tiene, sin embargo, no puede dormir bien porque se preocupa por «lo que puede llegar a pasar».

Miriam es una dínamo. Todas las mujeres de la familia por el lado de su madre son superexitosas y ella misma ha recibido numerosos premios. Todos cuentan con ella y esto le encanta… o al menos le encantaba. Últimamente está comenzando a sentirse usada al límite porque los demás recurren cada vez más a ella para que se ocupe de sus tareas. Se siente agobiada por la expectativa de los demás. Hay ocasiones en que tiene deseos de tirarlo todo por la borda.

Andrea está comenzando a escapar de las horribles y penosas experiencias que le sucedieron durante su infancia y desarrollo. Su personalidad brillante está comenzando a aflorar, pero todavía tiene algunos días en los que lucha agotada contra el odio y el resentimiento. «En los días en que doy algunos pasos intencionales que me alejan del pasado», comenta Andrea, «puedo ver una luz y un sentimiento de felicidad en mi corazón».

Así que… ¿cuál es *tu* historia? Te identificas con Susan, con Beth, con Miriam o con Andrea? Al observar tu propia vida, ¿puedes identificar elementos que pueden tener algo que ver con esa sensación de agobio? Analicemos algunos de los factores «históricos» que tal vez te den una clave acerca del agotamiento que experimentas.

Quién eres

Dios nos hizo a todos diferentes y esa es una de las maravillas de su creación. Algunos son extravertidos, otros introvertidos; unos son inquietos y otros son tranquilos; unos optimistas y otros melancólicos; algunos mandan y otros obedecen; unos planifican y otros improvisan; unos son físicamente robustos y otros más débiles.

Tu personalidad o temperamento básico es parte de la manera en que Dios te formó en el vientre de tu madre[1]. Del mismo modo sucede con tu apariencia física: tu altura, tu contextura, tu sistema nervioso, el que seas mujer. Comprender y aceptar la manera en que fuiste creada te ayudará a valorar tu historia y te dará también algunas pistas en cuanto a lo que te agobia.

Una mujer efervescente y extravertida, por ejemplo, reacciona ante la vida de manera distinta que la que es más tranquila y reflexiva. Una mujer que tiene tendencia a padecer migrañas aprende a responder ante el estrés de una manera distinta que otra que rara vez tenga un dolor de cabeza. Como nadie es inmune a sentirse agobiado, cada uno puede sentirse abrumado por distintas razones y de diferentes maneras.

Al analizar la manera en que tu estructura básica puede contribuir con tu tendencia a sentir abatimiento, trata de recordar que Dios no te creó para que te sientas exhausta. Si bien no puedes modificar con facilidad tu personalidad básica o tu tipo de cuerpo, puedes aprender a orientarlo y nutrirlo de modo que pueda ser una bendición. Pídele al Señor que te ayude a usar los aspectos positivos de lo que eres para poder equilibrar tu vida.

No tenemos vidas comunes.
Ninguno.
La mayoría son extraordinarias, y cada uno
tiene ricas y emocionantes experiencias
y una historia que contar.

KENNETH HONEYCUTT

Las personas en tu vida

Una de mis amigas (habla Alice) me regaló un cuadrito con una frase escrita con una magnífica caligrafía referida a las personas que «dejan huella» en nuestro corazón. Lo tengo colgado en mi escritorio para recordar a todas las personas que han tenido una influencia en mi vida, ya sea con su ejemplo o como consejeros, amigos y familiares, los que me enseñaron y me alentaron, e incluso los que me hirieron o me pusieron obstáculos. Todas estas personas son una parte integral de mi historia, tal como las personas que tienen que ver con tu vida son parte de ti. Al mirar hacia atrás en busca de claves de por qué te sientes tan agobiada, es una buena idea fijarse en las personas importantes de tu vida.

Tus padres, por supuesto, son una influencia crucial, ya sea que estén vivos o hayan fallecido, hayan estado presentes o ausentes en tu vida durante tu etapa de crecimiento. Otras personas en tu familia de origen como los abuelos o los hermanos pueden haber sido igualmente importantes. Te enseñaron cómo enfrentar la vida y estas lecciones pudieron contribuir con tus actuales niveles de agotamiento.

Puedes haber crecido, por ejemplo, con un padre que en ocasiones era amoroso y dedicado mientras en otras era demasiado severo o cruel. Al no saber qué esperar, tratabas cada vez más de agradarle. Puede que te hayas sentido querida por tus padres solo cuando sacabas buenas notas o te destacabas en el deporte. Y aún sientes esa presión. O tal vez cuando crecías te hicieron sentir que eras egoísta si no respondías a cada favor que te pedían y esa culpa te persigue hasta en la adultez. Puede que te cueste decir que *No*.

Sin embargo, el impacto de las personas en tu vida no se limita a tus primeras influencias. Los maestros y los compañeros de escuela, los entrenadores, novios y novias, jefes y colegas así como los vecinos... cualquiera de estos pudo haber hecho una contribución positiva o negativa en tu vida. Si estás casada o lo estuviste, tu esposo es una gran influencia en tu vida. Lo mismo que tus hijos o cualquier otra persona que conviva contigo.

Al recordar tu historia, considera cómo la interacción con personas que te importan podría estar influyendo en tu nivel de agobio. ¿Acaso las reprimendas de un entrenador muy temido todavía resuenan en tus oídos? ¿O tal vez un conflicto crónico con un niño caprichoso o un jefe pasivo-agresivo te debilita? ¿Estás involucrada en una amistad asfixiante que socava tu confianza y tu energía? Si es así, resolver estos problemas de relación puede darte un sorpresivo refuerzo de energía. Sin embargo, intenta mantenerte concentrada en comprender y no en hallar culpables.

Si bien las otras personas dejan huellas en nuestra vida, no tienen el poder definitivo de dirigir nuestros pasos. No importa quién haya influido en tu pasado, con la ayuda de Dios tienes la capacidad de darle una nueva forma a tu futuro a través de tus propias decisiones y a través de personas e influencias que tú escoges tener en tu vida en este momento.

Veamos un ejemplo. Si no creciste en un hogar donde te amaban y te criaron de manera positiva, puede que necesites buscar fuera de tu familia las fuentes de apoyo y guía. Una manera es hallar una consejera, una mujer mayor que acuerde reunirse contigo varias veces al mes para darte consejos y apoyo. Tito 2 enseña que este es uno de los llamados que Dios da a las mujeres mayores.

Tu pastor o una líder dentro del ministerio femenino pueden recomendarte un consejero, o puedes sencillamente preguntarle a una señora mayor que admires si puede reunirse contigo.

Incluso es posible que halles importantes consejeros o mentores en las páginas de los libros. Cuando yo era recién convertida, uno de mis favoritos (habla Alice) era *The Hidden Art of Homemaking*[2] de Edith Schaeffer, que habla de las numerosas oportunidades para la expresión creativa que pueden hallarse en la vida cotidiana. Me sentí particularmente impactada por su relato de lo que hizo siendo recién casada cuando los mendigos llegaban ante su puerta a pedir comida. Ella los invitaba a esperar en el porche mientras les preparaba algo. La parte bella de la historia era que no solo les daba comida sino que acomodaba la sopa caliente y las galletas de manera atractiva en una bandeja a la que siempre añadía una guarnición o decoración para demostrarle al vagabundo que era una persona valiosa. Edith deseaba asegurarse de que aun este humilde acto de alimentar a un pordiosero fuera hecho «como para el Señor». Este conmovedor relato me enseñó no solo cómo ser compasiva sino también cómo hacerlo con sencillez.

¿Qué ha sucedido?

Algunas mujeres parecen deslizarse por la vida como un pato en aguas calmas; pero la realidad indica que la mayoría de nosotros chapoteamos como locos para que los acontecimientos no nos sumerjan. Los acontecimientos, esas cosas que te han sucedido en la vida, son el tercer gran factor en tu historia al aprender a asomarte por encima de tu nivel de abatimiento.

Los psicólogos han descubierto que los sucesos traumáticos durante los primeros diez años de vida tienen un profundo impacto en nuestra manera de manejarnos en la vida. El divorcio o el fallecimiento de los padres, cualquier forma de abuso, exposición o violencia o la pobreza extrema pueden dejar heridas perdurables. Aun las experiencias comunes como una mudanza o ser objeto de burlas en el colegio pueden afectarnos. Al ir creciendo, los acontecimientos continúan dando forma a nuestra vida. Todo lo que hayas experimentado ha contribuido de alguna manera a lo que eres hoy. Esto incluye los resultados de tus propias decisiones.

Al recordar tu historia, considera las circunstancias que permanecen en tu memoria. Presta especial atención a los hechos tanto positivos como negativos, que modificaron tu manera de reaccionar ante el mundo. ¿Acaso una serie de logros impulsaron tu confianza en ti mismo? ¿Tal vez la muerte de un niño socavó tu idea de que en el mundo todo está bien y te volvió especialmente cuidadoso acerca de la higiene y la seguridad? Cualquiera de estos hechos pasados puede ser la clave de por qué hoy te sientes agotada y cansada.

Si has tenido un comienzo difícil o tienes en tu haber numerosos capítulos llenos de lágrimas en tu historia, no te ofenderemos con frases trilladas de consuelo. Ciertamente no queremos trivializar tu trauma diciendo «fue la voluntad de Dios» o «todo obra para bien». Sin embargo, estamos seguros de que Dios te ama demasiado para desperdiciar el dolor que has experimentado. De alguna manera Él puede usar los años de dolor y en su divino tiempo convertirlos en una parte maravillosa de tu historia. Por tanto, te exhortamos a que sigas volviéndote a Dios en medio de los hechos dolorosos que experimentas en vez de alejarte de Él. Necesitas a Dios, en especial cuando tu vida amenaza con agobiarte.

¿Necesito ver a un consejero?

La mayoría de las mujeres abatidas no lo necesitan. Sin embargo, piensa en consultar al médico de familia o a un consejero si alguna de las siguientes características se aplica a tu caso:

* Hace una semana o más que duermes muy poco o no duermes a pesar de tus intentos de disfrutar una noche de descanso.

* Has perdido o aumentado cinco kilos sin que sea por tu esfuerzo consciente ni por alguna razón médica conocida.

* Has tenido pensamientos de que la vida ya no tiene valor.

* Tienes pensamientos constantes de que no hay nada positivo y que probablemente nunca lo haya.

* Has pasado dos semanas o más tratando de estar sola e hiciste todo lo posible por evitar a otras personas.

* Te sientes incapaz de concentrarte o de dominar tu pensamiento.

* Te has saboteado tú misma a través de tus palabras o acciones.

* Tus amigos y tu familia expresan preocupación acerca de tu conducta, elecciones o emociones.

* Experimentas un temor persistente y abrumador de que algo terrible te va a pasar a ti o a tus seres queridos.

* Has notado un modelo de conducta prolongado de entumecimiento emocional, insatisfacción general o dureza de corazón.

Tu historia y el amor de Dios

A medida que analizas quién eres, las personas que conociste y lo que te ha sucedido probablemente comiences a tener una sensación de por qué has llegado a tu estado actual de agotamiento. La causa puede estar más allá de las influencias o de los conflictos internos; la mayoría de las veces se trata de una combinación. Sea lo que sea que descubras, por favor recuerda algunas cosas.

En primer lugar, relatar tu historia no es una tarea a tiempo completo. No es necesario analizar cada pregunta y definir cada tendencia. Después de todo, la vida es un misterio, y jamás resolverás todas las influencias y las motivaciones. Sin embargo, aún puedes beneficiarte de echar una mirada a los sucesos, patrones, elecciones y mensajes en general que pueden afectar tu conducta actual.

También debes recordar que es difícil ser objetivo acerca de la propia historia. La memoria puede fallar, el juicio puede estar enturbiado y tus emociones pueden evitar que veas tu pasado con claridad. Al analizar tu pasado, pide a Dios que te dé claridad y tal vez la capacidad de poder analizar otras fuentes de perspectiva también. Escribir lo que recuerdas o contárselo a un amigo íntimo puede ayudar. También puedes comentar tus recuerdos con alguien que haya experimentado eso contigo. Si el proceso de contar tu historia se vuelve difícil o hace aflorar emociones dolorosas, considera las preguntas de la página anterior para determinar si debes procurar la ayuda de un consejero profesional.

Lo más importante a tener en cuenta al recordar tu historia es que esta no ha terminado. Dios sigue obrando como coautor creativo y su influencia es siempre amorosa.

Una de las imágenes que más me gusta de la Biblia es de Cantares: «Sobre mí enarboló su bandera de amor»[3]. La bandera del Señor sobre tu historia no es ni de desdén ni de juicio, sino de amor. Él ya conocía el final de tu historia desde antes que esta comenzara, y a pesar de todo Él te cubre de compasión. No importan los capítulos que figuren en tu pasado o los que aún restan por escribirse, eres tierna y plenamente amada.

¿Recuerdas cuando eras pequeña y te preguntabas si algún muchacho te amaría? Como si fueras un detective en busca de pruebas, tomaste una margarita y comenzaste a arrancar los delicados pétalos blancos. *Me ama… no me ama. Me ama… no me ama.* Y tratabas de adivinar cómo iría a terminar el juego de la margarita.

Con el Señor es completamente distinto. Jamás tienes que adivinar.

Él te ama.

Él te ama.

Él te ama.

Él te ama.

No importa cuál sea tu historia, Él *siempre* te amará.

Algo para que lo intentes

Elige una opción:

🌸 Enumera los aspectos de tu personalidad que consideras más positivos. Halla un lugar tranquilo donde puedas arrodillarte y agradece a Dios por esa parte de tu ser.

🌸 Escribe tu historia e incluye a las personas y los sucesos clave que ayudaron a dar forma a esa persona que eres. Describe cuándo y por qué comenzaste a sentirte agobiada.

🌸 Busca los siguientes versículos en la Biblia y léelos en voz alta: Sofonías 3:17; Romanos 8:38-39; Efesios 3:14-19. Dibuja un corazón al lado de las frases que sean tus favoritas. Luego, con un lápiz labial escribe en el espejo del baño: «Cristo me ama, bien lo sé. Su Palabra me hace ver…»

🌸 Esta noche, si el cielo está claro, sal y dedica unos momentos a mirar las estrellas. Si hay tormenta, asómate por la puerta, permite que el viento agite tu cabello y embriágate en el aroma de la lluvia. No importa cuál sea tu historia, deléitate en el actual regalo de estar viva.

3
Lo que *debería hacer* y lo que *tengo que hacer*

No puedo darte la fórmula del éxito,
pero puedo darte la fórmula del fracaso:
trata de complacer a todo el mundo.

HERBERT BAYARD SWOPE

Fue una pesadilla, o al menos un sueño desagradable.

Rebeca se preparaba para ir al encuentro más importante de su vida. Es más, era la oradora principal. Si a los presentes les caía bien y la aceptaban, le sucederían cosas maravillosas. Si no, ella pensaba que el resto de su vida estaría signado por el sufrimiento y la amargura. Las personas reunidas allí eran bastante especiales en cuanto a cómo debían hacerse las cosas y se ofendían con facilidad si sucedía algo inapropiado. Le habían enviado a Rebeca instrucciones detalladas acerca de la vestimenta, lo que podía decir y cómo actuar… pero había extraviado las instrucciones.

El tiempo se acababa y Rebeca tenía solo una hora para partir. ¡Pero no sabía qué ropa ponerse ni qué hacer! Se quedó paralizada frente al clóset mientras la inundaba un sentimiento de pánico.

Se despertó con el pulso acelerado. Con los ojos recorrió el cuarto oscuro hasta que poco a poco se dio cuenta de que había sido solo un sueño.

Los sueños son con frecuencia imágenes de nuestras emociones, y así sucedió con Rebeca. Ella tenía un evento importante en el que tenía que hablar. Y si bien no existían las instrucciones perdidas, sintió la presión de la expectativa, presión que se introdujo en sus sueños.

La mayoría de las mujeres agobiadas luchan con las expectativas. ¿No te sientes acaso como si un pulpo te atacara y con sus brazos te sujetara y arrastrara? Todos parecen desear más y más. Todos quieren que hagas las cosas mejor, más grandes y más rápido, y siempre con una sonrisa en el rostro. Dondequiera que vayas, hay una nueva expectativa… hasta que te sientes agobiada de solo pensar en eso. Tu familia, tus amigos, tu trabajo, tus vecinos e incluso tu iglesia tienen expectativas respecto de ti. Y tú también las tienes en cuanto a ti misma.

Es demasiado. Sin embargo, los *debería* y *tengo que* no se detienen. A medida que crecen, sientes los brazos del pulpo que te sujetan con mayor fuerza.

¿Qué puedes hacer? La única forma de detener al pulpo para que no te arrastre para abajo es dejarlo morir de hambre. Si eliminas las tres cosas que lo alimentan, el pulpo perderá su fuerza y las expectativas abrumadoras perderán su garra. Los tres alimentos son la comparación, el agradar a los demás y el perfeccionismo. Démosle un vistazo a cada uno.

Comparación

Compararse con los demás es peligroso, en especial cuando estás al límite de sentirte agotada. A medida que tu estrés se incrementa, tiendes a ponerte más autocrítica. No importa quién seas, alguien será mejor o más brillante que tú, y las comparaciones pueden causar envidia, competitividad e insatisfacción.

Cuando te comparas con los demás, en realidad dejas de mirarte a ti misma. Todo lo que ves es cómo te compara con tu percepción otra persona. Las comparaciones no hacen más que aumentar las expectativas. Esto mina tu energía y destroza tu moral. Se convierte en un nuevo nivel a alcanzar y una nueva carga que llevar.

Las esferas más comunes en las que las personas se comparan pueden enunciarse como «las seis *A*»:

- ❋ *A*pariencia: cómo lucimos. «Haría cualquier cosa por tener las caderas tan estrechas como ella».
- ❋ *A*rticulación: cómo hablamos. «Ella siempre tiene la respuesta adecuada mientras que yo me trabo con las palabras».
- ❋ *A*ctitud: cómo pensamos. «Para ella es fácil estar contenta; nació con un buen carácter».
- ❋ *A*ctividad: lo que hacemos. «Sí, yo también podría haber terminado mi carrera si no hubiera tenido que trabajar a tiempo completo».
- ❋ *A*dquisición: lo que tenemos. «Bueno, resulta evidente que ella nunca tuvo que comprar en las liquidaciones. Algunas personas tienen suerte».
- ❋ *A*ptitud: en lo que nos destacamos. «Ni con mucha práctica podría tocar yo el piano como ella. Tiene un don natural».

En estas esferas de comparación, tendemos a exagerar las cualidades del otro y a minimizar las propias. En ocasiones puede que

43

tratemos de levantar nuestra autoestima haciendo alarde de una cualidad, con la esperanza de que nadie note nuestras deficiencias visibles. De cualquier manera, ponemos demasiado énfasis en nosotros mismos.

¿Cómo podemos luchar contra esta tendencia natural de compararnos con los demás? El mejor antídoto es una dosis saludable de realidad. El apóstol Pablo lo expresa de la siguiente manera: «Nadie tenga un concepto de sí más alto que el que debe tener, sino más bien piense de sí mismo con moderación»[1]. Cada persona es única, con un conjunto de atributos y capacidades dadas por Dios. Todos tenemos esferas en las que podemos crecer y mejorar, pero a los ojos de Dios las comparaciones entre las personas son como comparar rosas y lirios: ambas son bellas flores. En cualquier esfera habrá alguien que será mejor o peor que nosotros. En una comparación generalizada, somos sencillamente individuales y, por lo tanto, incomparables. Lo que es más importante, cada uno es infinitamente precioso para nuestro Padre celestial. Él nos ve como somos y aun así nos ama[2]. Cuando tomemos verdadera conciencia de este concepto, tendremos mucha menos necesidad de compararnos con los demás.

Para tener una mejor percepción de esto, puedes darle una mirada a las «100 cualidades positivas» de la página que sigue. Destaca o subraya las que se aplican en tu caso. Pídele a una amiga de confianza que se fije en la lista y descubra si hay algún aspecto positivo que hayas olvidado. Dedica tiempo a pensar en tus características positivas. Luego, decide comenzar a aceptarte, a respetarte, a amarte y a agradecer a Dios por cómo te ha hecho. Todos debemos dedicar menos tiempo a mirar a nuestro alrededor y más tiempo a mirar para arriba.

Las 100 cualidades positivas

1. Accesible 2. Afectuosa 3. Agradable 4. Agradecida 5. Alegre 6. Alentadora 7. Amable 8. Ambiciosa 9. Amistosa 11. Amorosa 11. Aplicada 12. Atenta 13. Colaboradora 14. Compasiva 15. Comprensiva 16. Comprometida 17. Con principios 18. Confiable 19. Conforme 20. Consciente 21. Considerada 22. Constante 23. Cooperadora 24. Cordial 25. Cortés 26. Curiosa 27. Decidida 28. Desinteresada 29. Desprendida 30. Digna 31. Diligente 32. Diplomática 33. Disciplinada 34. Disponible 35. Dócil 36. Educada 37. Elogiosa 38. Entusiasta 39. Exigente 40. Feliz 41. Fidedigna 42. Fiel 43. Fina 44. Firme 45. Flexible 46. Formal 47. Franca 48. Generosa 49. Gozosa 50. Honesta 51. Hospitalaria 52. Humilde 53. Imparcial 54. Ingeniosa 55. Inteligente 56. Involucrada 57. Juguetona 58. Leal 59. Madura 60. Meticulosa 61. Misericordiosa 62. Modesta 63. Moral 64. Observadora 65. Optimista 66. Organizada 67. Paciente 68. Pacificadora 69. Pensativa 70. Perdonadora 71. Persistente 72. Perspicaz 73. Piadosa 74. Positiva 75. Meticulosa 76. Pulcra 77. Puntual 78. Receptiva 79. Reflexiva 80. Relajada 81. Respetuosa 82. Responsable 83. Reverente 84. Sabia 85. Satisfecha 86. Segura 87. Sensata 88. Sensible 89. Serena 90. Servicial 91. Sincera 92. Sociable 93. Susceptible 94. Tierna 95. Tranquilizadora 96. Tranquila 97. Útil 98. Valiente 99. Veraz 100. Virtuosa

Demasiado complaciente

«Mi vida consistía en tres cosas: agradar, proveer y conseguir», recuerda la escritora y oradora Mary Lyn Miller, acerca de la época en su vida cuando trataba de agradar a los demás. «Pensaba que si muchas personas estaban conformes conmigo, me sentiría mejor conmigo misma. Deseaba en forma desesperada agradar a todos... a la familia, a los jefes, a los vecinos, a la gente que me disgustaba»[3].

¿Te parece conocido? Muchas personas, en especial las mujeres, tienen problemas con lo que se ha dado en llamar «la enfermedad de complacer», una dolencia que roba las energías. Si no estás segura de si eres una persona complaciente de los demás, formúlate las siguientes preguntas:

- ✻ ¿Trabajo más tiempo para impresionar a quienes me rodean?

- ✻ ¿Suelo decir con frecuencia «sí» cuando en realidad quiero decir «no»?

- ✻ ¿Dependo demasiado de los halagos o del reconocimiento para sentirme bien?

- ✻ ¿Permito que los demás decidan acerca de mis prioridades o actividades?

- ✻ ¿Me esfuerzo por ser agradable?

- ✻ ¿Me tomo las críticas muy a pecho?

- ✻ ¿Me cuesta ponerme firme?

- ✻ ¿Me siento muy mal cuando alguien está enojado conmigo?

- ✻ ¿Pido perdón cuando no hace falta?

- ✻ ¿Me inclino ante los demás, aun cuando una parte de mí protesta y se resiente?

No nos malinterpretes. En sí no hay nada malo en ser amable o complaciente, a menos que sea por motivos incorrectos. Si complaces a los demás porque tienes miedo de que no te quieran o te rechacen, tu motivo es incorrecto. Ser demasiado complaciente, en esencia, significa permitir que las expectativas imaginarias controlen tus respuestas. Si persistes en hacer eso de manera constante, terminarás agobiada.

Procurar siempre agradar a los demás no solo es agotador sino que también es una tarea imposible. Lo que a unas personas les agrada a otras las enfada. Lo que provoca el aplauso de unos, aleja a otros. Puede que intentes agradar para finalmente descubrir que has ofendido. Tratar de complacer a los demás es como intentar atrapar un copo de nieve con la lengua; aunque lo logres, no será por mucho tiempo.

Existe otro problema con ser demasiado complaciente. Si tomas medidas extraordinarias y *logras* complacer a las personas, estas esperarán medidas extraordinarias y algo más la próxima vez. Cuando te esfuerces más y por más tiempo, volverán a subir su nivel de expectativa. Tratar de agradar y cumplir con las expectativas de los demás puede llegar a convertirse en un círculo vicioso.

Es natural que desees que las personas te aprecien. Es natural desear que te respeten y piensen bien de ti. Sin embargo, si este deseo te lleva a ser una mujer agobiada, es hora de detenerse. Recuerda que tu salud física, emocional y espiritual es más importante que complacer temporalmente a alguien.

Las Escrituras nos recuerdan que «no tratamos de agradar a la gente sino a Dios»[4]. Me encanta (habla Steve) la forma en que lo expresa mi amiga Allison: «Me doy cuenta de que todo el mundo tiene un plan para mi vida y mis talentos, pero mi único propósito es "ser lo que Dios planeó para mí". Puede que a algunos no les guste, pero no voy a perder el sueño por eso».

Si llegas al punto en que puedes expresar esto con sinceridad, tu estrés se reducirá extraordinariamente. Tratar de agradar siempre a las personas puede llevarte por mal camino, pero agradar a Dios *nunca* lo hará.

Perfeccionismo

La perfección no existe en este planeta, pero eso no nos detiene en nuestro intento por alcanzarla. Muchas mujeres creen en su interior que deben ser perfectas o casi perfectas en todo lo que hacen. De la boca para afuera pueden afirmar que «nadie es perfecto», pero el desaliento que demuestran cuando algo les sale mal revela su perfeccionismo.

La perfeccionista lucha por lo inalcanzable. Necesitan ser las primeras o las mejores y tratan de no cometer ni un error, lo que ven como señal de fracaso y falta de valía. Debido a esto, los perfeccionistas pocas veces son felices. Con frecuencia caen en la depresión y se sienten decepcionados. En ocasiones se sienten tan abatidos por sus propias expectativas que no hacen nada.

> Usa los talentos que tienes:
> el bosque sería un lugar silencioso
> si solo cantaran
> los pájaros que cantan mejor.
>
> HENRY VAN DYKE

La base del perfeccionismo es el temor: temor a cometer un error y a ser juzgado, temor a equivocarse y temor al rechazo. La creencia errónea que subyace bajo esta conducta es la siguiente: *Si logro hacerlo todo bien, la vida será buena. Las personas me querrán y yo podré amarme a mí misma.* El problema es que en cuanto piensas que todo está bien, algo sale mal.

A un nivel más profundo, el perfeccionismo revela falta de fe. En cierto sentido, el perfeccionismo es en realidad una manera de jugar a Dios respecto a nuestra vida. En vez de confiar en que Dios cumplirá su promesa de redimirnos y de hacernos madurar, en vez de caminar en obediencia, tratamos de adelantarnos a su divina obra y hacer las cosas por nuestra cuenta y sin su ayuda. ¡No en balde estás exhausta!

Es cierto que algunos versículos de la Biblia (como Santiago 1:4) nos exhorta a que seamos «perfectos». Sin embargo, si lees esos versículos dentro del contexto, verás que «perfecto» se usa en el sentido de ser completo o maduro y no de nunca cometer un error. Además, estos versículos dejan en claro que lograr esta clase de perfección es un proceso gradual que el Espíritu Santo logra obrando en nosotros. No es algo que debamos conseguir por nuestra cuenta, e intentarlo solo nos dejará agobiadas.

Con todo eso en mente, a continuación presentamos algunos principios que nos ayudarán a luchar con el perfeccionismo:

※ *Reconoce que la perfección es imposible.* Nadie es perfecto y nada de lo que hagas lo será. Así son las cosas. Cuanto más intentes alcanzar lo inalcanzable, más frustrada, exhausta y derrotada te sentirás.

🌸 *Concédete permiso para cometer errores.* Dilo en voz alta, ponte frente al espejo y repite lo siguiente: «Está bien cometer errores». En su libro *Perfection,* el doctor David Burns expresa: «Si la gente no puede aceptar tus imperfecciones, allá ella». Las expectativas de una vida sin errores son una carga mucho más pesada de la que Dios pondría sobre nosotros.

🌸 *Acepta tus debilidades y fracasos.* Estos son parte ineludible de ser humanos. Sé humilde y deja de aparentar que lo haces todo bien. Te equivocas todos los días y ese error puede ayudarte a aprender y a crecer.

🌸 *Ponte metas realistas y alcanzables.* No hay nada más desalentador que intentar hacer lo imposible. Haz lo posible y alégrate en lo que hayas logrado cada día.

🌸 *Aspira a la excelencia, no a la perfección.* Terminar bien una tarea es importante, pero no confundas excelencia con perfección. Puedes lograr la excelencia en algunas áreas, pero la perfección pertenece solo a Dios.

Abandonar el perfeccionismo no es sencillo. A veces cuesta diferenciar entre el perfeccionismo insano y un buen nivel saludable. Sin embargo, las ventajas de «vivir como ser humano» son tan importantes que vencer el perfeccionismo bien vale la pena.

A medida que comiences a abandonar la idea de perfección, te sorprenderán los resultados. Cuando aceptes tu humanidad y comiences a apoyarte en Dios, empezarás a relajarte y a disfrutar de la vida. Tus relaciones con las otras personas mejorarán cuando elimines el perfeccionismo que esperas de ellas. Resulta asombroso que cuando reconoces tus errores y aprendes de ellos, puedes lograr muchas más cosas que antes.

Una vida con expectativas

La vida siempre estará llena de expectativas, las tuyas y las de los demás. Tu manera de responder a ellas determinará cuán agobiada te sientas. La clave, por supuesto, es impedir que los demás te controlen a través de sus expectativas. En cambio, puedes escuchar a Dios, confiar en Él, obedecerlo y ser guiado por sus divinas expectativas. Él es el que sabe todas las cosas, comprende todas las cosas y puede ayudarte en medio de todas las cosas, y el único que puede mantener alejado de tu vida al pulpo de las expectativas.

¡Qué Dios tan grande!

¡Qué alivio!

Algo para que lo intentes

Elige una opción:

🌼 Observa una vez más las cualidades que marcaste en la lista de las «100 cualidades positivas» (pág. 45). En una tarjeta, anota tus favoritas y mantenla a la mano donde puedas verla con frecuencia.

🌼 Comenta la siguiente idea con una amiga: «No necesitas ser perfecta para ser maravillosa».

🌼 Anota algunas de las expectativas, propias o de los demás, que tienden a manejar tu vida. Identifica las que puedan parecer difíciles o poco razonables y coloca ciertos límites que te ayuden a poder estar a la altura de las expectativas. Si tu empleo tiende a interferir en tu vida, por ejemplo, proponte algo así como: «No trabajaré después de las cinco de la tarde ni los fines de semana». De ser necesario, comenta esos nuevos límites con las personas que se verán afectadas.

🌼 Trata de cultivar un jardín en una ventana soleada de la cocina o del comedor. De preferencia, alguna hierba aromática que perfume todo el ambiente.

4

Tiempo de cambiar

El tiempo es un modisto especializado en cambios.

Faith Baldwin

Gina estaba comenzando un día típico. Se había levantado antes que el resto de la familia y pensaba dedicar unos momentos a leer su nuevo devocionario y a orar. Antes de terminar el primer párrafo, sin embargo, recordó que el uniforme de baloncesto de su hijo estaba todavía en la lavadora. La había puesto a lavar la noche anterior, pero se había quedado dormida antes de que terminara el ciclo de lavado. Decidió dejar de leer un minuto para correr a colocar la ropa en la secadora a fin de que estuviera lista antes de que Brian partiera para la escuela.

Esperaba que Brian se hubiera acordado de echar gasolina al automóvil. Había llegado dos veces tarde esa semana y una llegada tarde más significaba que no podría estar en el partido de esa noche. Sería mejor que viera si la alarma del reloj despertador del muchacho estaba puesta lo suficiente temprano para que tuviera tiempo de echar gasolina.

Mientras iba al cuarto de su hijo, la mente de Gina voló a la reunión de las nueve y media. ¿Por qué tenía miedo? Sabía que

53

todos estarían encantados con sus ideas. Tenía la reputación de que triunfaba, aunque eso significara que debía superarse a sí misma cada vez. Tal vez su temor acerca de la reunión se debía a que si bien sabía que todos recibirían con aplausos su propuesta, el grueso de la responsabilidad recaería en ella. Esa era la peor parte de ser una persona con grandes ideas.

Gina había pensado preparar algunos panecillos de canela para llevar a la reunión, pero había estado demasiado cansada a la noche y ya no tendría tiempo. Podía llamar a Judith y pedirle que llevara algunas rosquillas, pero a Gina le parecía mal solicitar algo con tan poca anticipación. Bueno, en realidad ella podía salir unos minutos antes y ocuparse de comprar las rosquillas. *Si tuviera un par de horas más cada día, podría llegar a hacerlo todo. El nuevo libro devocional puede esperar hasta mañana y seguramente Dios comprenderá por qué oré a la carrera.*

El día de Gina, como los días de muchas mujeres agobiadas, está lleno de cosas que en realidad no desea hacer o cosas que no debería hacer, pero que ella seguirá haciéndolas de todos modos. La alabanza y admiración que obtiene de su familia y amigos (sí, ¡es alguien que intenta agradar a las personas!) le da un sentimiento temporal de satisfacción, de manera que intenta no hacer a caso a la fatiga que empieza ya desde la mañana y la acompaña durante el resto del día. No importa cuántas cosas logre hacer, no tiene una sensación de propósito cumplido ni se siente plena porque Gina se está perdiendo el llamado que Dios tiene para su vida. Si ni siquiera dispone de tiempo para escuchar su divina voz, mucho menos podrá seguir su santa dirección.

Es tan fácil para las mujeres caer en un patrón de reaccionar ante las demandas de los demás en vez de elegir cómo desean invertir su vida. Aun cuando sienten que están perdiendo un tiempo y energía preciosos, en ocasiones ni siquiera saben cómo parar.

Yo lo sé (habla Alice). He pasado por eso. Sin embargo, he descubierto cuatro principios importantes que me han ayudado a dejar tiempo para explorar el plan que Dios tiene para mí. Inténtalos. Te sorprenderás al ver cómo tu mundo comenzará a brillar cuando hagas incluso pequeños cambios para dejar tiempo para escuchar en verdad lo que el Señor tiene que decirte.

Principio # 1 para sacar tiempo: «Puedes hacerlo todo» es un mito

55

Seamos sinceras. La mayoría de nosotras abarrotamos nuestra agenda porque queremos. Eso sucede con Gina y sucede también con nosotras. Aceptamos proyectos que nos interesan, compromisos que ofrecen una satisfacción temporal o la aprobación de los demás y trabajos que pensamos que debemos hacer. La mayoría de lo que está en nuestra lista de «cosas para hacer» es bueno y vale la pena, al menos en apariencia. Y aunque de la boca para afuera digamos que no podemos hacerlo todo, seguiremos intentándolo.

El problema es que en realidad *no podemos* hacerlo todo y si tratamos de hacerlo, las cosas que jamás alcanzamos a hacer a veces son las más importantes. Estar cargada de compromisos no solo es algo agobiante, sino que además hace que mantener el equilibrio sea algo imposible porque los temas «urgentes» por lo general avasallarán a los que son más importantes pero menos sensibles al tiempo. Con rapidez alcanzamos el punto en el que posponemos de continuo el tiempo con el Señor, con la familia y con los amigos en favor de «hacer las cosas»; incluso reemplazamos las relaciones importantes con la recompensa temporal de tratar de vivir a la altura de las expectativas de todo el mundo.

A través de los años he caído varias veces en esa cueva de conejo y como la otra Alice (la que visitó el país de las maravillas), me cuesta difícil —aunque no imposible— salir una vez que he caído dentro.

Algo tan sencillo como cambiar el estilo de mis horarios me ha sido de ayuda. Este año compré una agenda más chica que no tiene espacios para compromisos cada media hora. La parte de lo que «debo hacer» es más pequeña y deja así más espacio en mi día para lo que «deseo hacer».

Otra idea que me ha sido de utilidad: Cuando me pregunto si estoy produciendo un cambio en mi mundo, resisto la tentación de responder a esa pregunta con mi lista de «cosas para hacer». En cambio, me fijo en mi familia y amigos y analizo cuál es mi actitud hacia ellos. Si los lazos son fuertes, sé que estoy haciendo bien las cosas. Es un buen indicio.

¿Te has preguntado alguna vez cómo habría sido la agenda de Jesús si hubiera llevado una? Alguien en cierta oportunidad sugirió que habría una frase que atravesaba cada páginas: «Hacer la voluntad de mi Padre». No estoy segura de poder hacer semejante cambio en mi agenda, pero reconozco que tener eso en mente me ayuda a reservar para lo que no está programado y todo lo demás.

Principio # 2 para sacar tiempo:
Ayudar no siempre es ayudar

Gina es una buena madre y ansía con todas sus fuerzas que sus hijos triunfen. Lamentablemente, eso significa que está haciendo cosas para su hijo adolescente, como lavarle la ropa y asegurarse de que llegue a la escuela a tiempo, algo que perfectamente puede hacer por sí mismo. Ella teme que él no sea capaz, así que está encima de él siempre con la esperanza de protegerlo de que cometa errores. Lo que en realidad está haciendo es gratificar su necesidad de tener todo bajo control e intentar proteger su imagen de buena madre. En el proceso, está privando a su hijo de la valiosa oportunidad de aprender a ser responsable... y se está sobrecargando a sí misma.

Si lo permites, el deseo de controlar y proteger inundará todas las esferas de tu vida. Puede que aceptes liderar una comisión o un proyecto para asegurarte de que todo se hace de la manera que tú crees mejor. Te costará delegar porque te convences con la trillada frase: «Es más sencillo hacerlo uno mismo». Puede que sea así, pero a corto plazo.

Delegar tareas y responsabilidades es una forma maravillosa de ser mentor de otras personas. Enseñar y alentar puede generar un esfuerzo extra de tu parte, pero solo al comienzo. Antes de que te des cuenta, tus hijos o jóvenes compañeros de tareas caminarán solos, desarrollarán habilidades valiosísimas y ¡te estarán ayudando! Permitir que las personas aprendan de sus propios errores y logros es un regalo que uno está entregando. Al mismo tiempo, te estarás regalando el precioso don del tiempo.

Principio # 3 para sacar tiempo:
Practica la postergación responsable

¿No es una frase maravillosa? Al principio parece ser una paradoja, pero si la lees con cuidado te darás cuenta de que no existe contradicción alguna. Uno experimenta una sensación de poder cuando elige no hacer todo lo que figura en la lista de «cosas urgentes».

Este concepto jamás se le ocurrió a Gina. Ella cree que todo debe hacerse ya, excepto las cosas que a la larga son más importantes.

> *El problema que tiene la limpieza de la casa*
> *es que al día siguiente se volverá a ensuciar.*
> *De modo que sáltate una semana, si lo necesitas.*
>
> BARBARA BUSH

Recuerdo el día en que había planeado acomodar el clóset. Justo antes de comenzar, sonó el teléfono. Mi amiga Bárbara me llamó y dijo: «Te extraño… Me encantaría que estuvieras aquí conmigo con los pies sobre la mesa, tomando café y saboreando un chocolate». Corté y fui hasta su casa. Fue una buena decisión. Me olvidé por completo de los clósets desordenados, y *a nadie le importó*.

Sé que muchas mujeres sueñan con la posibilidad de dejar todo de lado y visitar a una amiga, pero no pueden porque están en una etapa de la vida diferente a la mía. Puede que tú estés cuidando a tus pequeños hijos o trabajando a tiempo completo y sencillamente no puedes abandonar esas tareas. Aun así, te animo a que descubras cosas de tu lista de «pendientes» que puedas posponer en forma responsable. En vez de pasarte el tiempo entre los *debería*, trata de robar un poquito de tiempo para hacer alguna de tus actividades preferidas.

Recuerda que no estamos recomendando la portergación como una política general. No hace falta decir que ese hábito puede llevarnos a serios problemas; por eso agregamos la palabra *responsable*. Cuando postergas de manera responsable, no estarás tirando por la borda todos tus compromisos, sino que estarás dedicando tiempo a analizarlos con cuidado y decidirás si son en verdad urgentes. Si no lo son, tienes la libertad de postergarlos o incluso de no hacerlos.

He descubierto que retrasar las cosas un poco con frecuencia me ayuda a ver que aquello que creía que *tenía* que hacer no es en realidad tan importante. A veces tacho algo de mi lista y descubro que el hacerlo, como en realidad no era tan importante, me hizo sentir muy bien.

Una idea liberadora: Porque hayas tenido una buena idea eso no significa que tengas que llevarla a cabo por completo y en realidad ni siquiera tienes que hacerla. Puedes darles la idea a otros, puedes ponerla en la lista de cosas para hacer «en alguna oportunidad» o quizá quedará como una buena posibilidad. Si te permites postergar un poco, siempre de manera responsable, probablemente sepas qué hacer llegado el momento.

Principio # 4 para hacerse tiempo: Espera a decir que sí... y aprende a decir que no

Cuando Gina comienza a comentar sus fabulosas ideas en la reunión, se le pide que se haga cargo de otro proyecto. Cargada de entusiasmo y adicta al éxito, probablemente acepte y luego se arrepienta.

La mayoría de nosotras nos vemos tentadas a responder de manera inmediata a lo que nos solicitan. Estamos programadas a reaccionar de esa manera y nuestro primer impulso es decir que sí. Nos halaga que nos pidan. Es placentera esa sensación de que somos necesarias. Y estamos dispuestas a pasar por alto la diferencia importante que existe entre que nos pidan algo y ser llamadas a hacer algo.

Descubrí que puedo provocar un cortocircuito en este proceso si puedo posponer mi «sí» hasta haber buscado seriamente la dirección de Dios. Además de orar y buscar respuestas en la Biblia, tenemos que hacernos algunas preguntas:

❋ ¿Cómo encaja esto dentro de mis otras prioridades?

❋ ¿Cuento con el tiempo, la energía y los recursos para llevar adelante este proyecto?

❋ ¿De qué manera afectará este compromiso a mis seres queridos?

❋ ¿Qué pensarán mis amigos y mi familia si yo asumo otro compromiso?

❋ ¿Hay alguna otra persona que pueda hacer la tarea mejor que yo?

Si tu agenda ya está llena, hay una regla simple que dice que jamás hay que agregar una nueva responsabilidad hasta haber eliminado otra cosa. Si no puedes hacerlo, la respuesta adecuada es «no».

¿Te cuesta decir que *no*? A muchas mujeres les pasa. Sin embargo, si deseas hacerte tiempo para cumplir con lo que Dios desea que hagas, deberás acostumbrarte a decir que *no*. Tendrás que aprender *cuándo* decirlo y probablemente *cómo* decirlo también.

Hace algunos años encontré algunos consejos en una revista sobre cómo decir que no. Están en el cuadro de más abajo. No tengo el nombre de la autora, pero me encanta lo que ella escribió. Las expresiones están a veces cargadas de humor, pero resultan. Te aliento a que las practiques todos los días para tenerlas en la punta de la lengua cada vez que las necesites, lo que será con mayor frecuencia de la que imaginas. Si quieres estar disponible al llamado de Dios en tu vida, tendrás que decir que no a alguna cosa.

Cómo decir que no

Para aprender a decir que no, tienes que colocar la lengua contra el paladar y decir:

- Voy a tener que dejarlo pasar
- Lo he hecho antes y lo volveré a hacer en un futuro, pero no puedo hacerlo ahora.
- Lo siento, pero mis responsabilidades no me permiten asumir otra obligación por esta semana, por este mes, por este año, ¡por esta década!
- Fue muy amable de tu parte preguntarme, pero tengo que decirte que no.

🌸 Me equivoqué, no debería haberme comprometido. Lo siento, pero en esta oportunidad debo retractarme.

🌸 Para ocasiones especiales: No puedo hacer eso. No tengo el deseo ni el tiempo ni el interés ni la energía. NO. ¡Absolutamente no!

AUTOR DESCONOCIDO

Junto a aguas de reposo

Al comienzo de este capítulo solo miramos a hurtadillas la mañana de Gina; pero el resto de la semana fue parecida. De la mañana a la noche ella está cargada de tareas y acumula todo lo que puede en su agenda y no alcanza a cumplirlo. Su deseo de contar con un par de horas más por día revela que tiene para hacer mucho más de lo que Dios deseaba que hiciera.

Hay un profundo anhelo en mi corazón y es el de poder estar al lado de todas las Ginas de este mundo. Si pudiéramos caminar una rato juntas, les contaría de mi pesar por haber andado al límite durante tantos años. De amiga a amiga, podríamos hablar acerca del valor de escuchar a Dios y de cuidar de nosotras, de reservar más espacios vacíos en el calendario, de atesorar relaciones más que logros.

Nuestro recorrido nos llevaría hasta un sendero tranquilo y, por un pequeño puente de piedra, llegaríamos a un prado. Nos quitaríamos los zapatos para sentir el césped bajo los pies y, con el rostro hacia los tibios rayos de sol, recitaríamos en voz suave el Salmo 23. Mientras nuestras voces repiten las conocidas palabras

En verdes pastos me hace descansar.
Junto a tranquilas aguas me conduce;
me infunde nuevas fuerzas[1].

sonreímos, sabiendo que esto agrada a Dios.

Será un día común y corriente, pleno y cargado de propósito, pero con tiempo para dedicarle a la eternidad.

Algo para que lo intentes

Elige una opción:

* Confecciona una lista de cosas divertidas o relajantes que te gustaría hacer. Todas las semanas escoge una de las cosas de tu lista de prioridades e intenta hacer uso de la postergación responsable. Postérgala al menos por tres días y haz algo divertido.

* Elige alguna responsabilidad de la que te ocupas siempre tú y delégala en otra persona.

* Busca un momento en esta semana en el que puedas poner en práctica una de las frases de «Cómo decir que no». No te preocupes por las reacciones de las personas; si consideras que tienes que decir que no, respira profundo y dilo.

* Una de las porciones del Salmo 23 que más se cita es: «Junto a aguas tranquilas me conduce, me infunde nuevas fuerzas». Trae a la memoria un sitio que te recuerde «aguas tranquilas». (No necesariamente tiene que haber agua; sino la sensación de paz que buscas). Cierra los ojos, quítate el calzado e imagina que estás allí.

5

Apóyate en
tus fortalezas

Nunca es tarde para ser lo que deberías haber sido.

MARY ANN EVANS

Melisa detestaba su empleo. Todos los días le aterraba tener que ir a trabajar.

Melisa era extravertida con un don para motivar a los demás y relacionarse con la gente. Le encantaba estar con las personas y todos la querían, pero su empleo era estar sentada sola en una pequeña oficina trabajando con archivos y balanceando los libros. Nunca le habían gustado las tareas organizativas o relacionadas con las matemáticas, pero eso era lo que requería su trabajo.

Como persona responsable que era, Melisa trabajaba duro y era competente; pero no disfrutaba lo que hacía. Con el tiempo, las demandas laborales le quitaron el gozo de todos los aspectos de su vida (su matrimonio, su función de madre, sus amistades, sus pasatiempos, su fe). Cuando tenía treinta y siete años estaba tan agobiada que incluso pensó en abandonar a su familia y mudarse al trópico a trabajar en un centro vacacional.

—¿Qué es lo que te atrae de esa fantasía? —le pregunté a Melisa (habla Steve) cuando llegó en busca de consejo.

—Dejar mi empleo e ir a trabajar con gente.

—Bien —le respondí—. ¿Qué te impide hacerlo ahora mismo?

Con un poco de aliento, Melisa encontró un nuevo empleo en relaciones públicas donde podía usar sus talentos motivadores y sociales. Hoy es una nueva persona: apasionada, desbordante de vida y entusiasmo, a la que le encanta la diversión. Está llena de sonrisas, las que comparte con todos los que se encuentra. Aunque trabaja duro, parece tener energía para regalar.

—¿Te sientes muy agobiada? —le pregunté hace poco.

Melisa se ríe con una carcajada contagiosa.

—¿Agobiada? Ni siquiera me acuerdo de lo que esa palabra significa.

Muchas veces una mujer agobiada trabaja duro en aquello que le piden y hace un buen trabajo, pero sencillamente no se divierte.

¿Te pasa eso? ¿Es acaso tu trabajo diario, ya sea en una oficina, en tu casa o como voluntaria, solo una lista de tareas que llevas a cabo porque debes hacerlo? Puede que te sientas gratificada por la alabanza de los demás o tal vez halles una satisfacción genérica en la tarea cumplida; pero ¿no sería maravilloso si pudiera gustarte lo que haces de manera que te sientas emocionada, con más energías y con más fuerzas con cada tarea? Así se siente cuando vives dentro de lo que puedes.

Para muchas mujeres, esta idea levanta toda una serie de frustraciones porque algunas no están seguras de *tener* fortaleza o don alguno. (*No soy buena para nada*). A otras les pasa que no creen poder conciliar los talentos y deseos con la vida que escogieron. (*Me gustaría hacer otra cosa, pero no puedo tirarlo todo abajo*). Otras son buenas en lo que hacen, pero se sienten atraídas por algo que nunca intentaron. (*Me encanta ser una mamá a tiempo completo, pero sueño con llegar a ser agente de viajes algún día*).

En un mundo ideal, todos pasaríamos nuestra jornada laboral, ya sea en un empleo o en casa, en tareas que sean acordes a nuestros talentos e intereses y que reflejen el llamado de Dios. En este mundo caído, no siempre es sencillo. Sin embargo, es posible que realicemos un ajuste en nuestra vida para que nos aproximemos más a los puntos fuertes que nos ha dado Dios y redescubramos el gozo y el entusiasmo que Dios desea que haya en nuestra vida.

> *Los anhelos de nuestro corazón no son secundarios; sino que son mensajes importantes.*
> *Los deseos de nuestro corazón no deben pasarse por alto, sino consultarse.*
> *Así como el viento hace que la veleta cambie de rumbo, Dios usa nuestras pasiones para darle un giro a nuestra vida.*
>
> Max Lucado[1]

¿Cuál es mi don?

Siempre he disfrutado (habla Steve) de los rompecabezas que están llenos de objetos ocultos, pero que en determinado momento la imagen se diluye tan bien que puede volverse invisible. Un día estaba tratando de ver un caballo en una de esas imágenes. Miraba y miraba pero no conseguía verlo. No me servía de nada que una amiga estuviera mirando por sobre mi hombro y me dijera que el caballo se veía tan bien que si estuviera vivo, me mordería.

Por último, completamente frustrado, me di por vencido y exclamé: «Está bien, dime dónde está escondido ese estúpido caballo».

Ella lo señaló y ¡no podía creer que no lo hubiera visto antes! El problema es que me había concentrado en los elementos del dibujo en que no debía haberme concentrado. Cuando supe adónde debía mirar, pude ver el caballo con tanta claridad como si nunca hubiera estado escondido.

Tus puntos fuertes pueden ser así también. Si no estás segura de dónde fijarte, puede parecer que no existen. O tal vez sabes que tienes varios puntos fuertes y talentos, pero no estás segura de cuál desarrollar. Descubrir tus capacidades destacadas comienza dando respuesta a unas cuantas preguntas sencillas:

- ✳ ¿Cuáles eran tus materias preferidas en el colegio?
- ✳ ¿Qué te divierte hacer en tu tiempo libre?
- ✳ ¿En qué esferas recibes más cumplidos?
- ✳ ¿Haciendo qué cosas te sientes más cómoda y segura?
- ✳ ¿En qué cosas piensan tus amigos que eres mejor?
- ✳ ¿Qué actividad desarrollas con mayor facilidad?
- ✳ ¿Qué te divierte hacer? (Está bien pensar en esto. ¡En serio!)
- ✳ ¿Qué actividades te atraen, aunque no estás segura de ser buena para ellas?

Creo que esta última pregunta es especialmente importante. Tus esferas fuertes son aquellas en que eres más talentosa o aquellas para las que eres «buena». También pueden ser cuestiones para las que tienes (o crees tener) talento o capacidad limitados, pero en las que tienes gran interés o pasión. O tal vez sean cuestiones a las que Dios te está llamando de manera específica y para las que te piensa equipar.

Es probable que encuentres tus mayores fortalezas en el punto donde se encuentren tus talentos naturales, tus pasiones y el llamado divino. Cuantas más horas pases usando esa fortaleza, menos estresada te sentirás.

¿Qué opciones tengo?

El brillante compositor Ludwig van Beethoven tenía dificultades para resolver los más elementales problemas de aritmética. C. S. Lewis, profesor de Oxford y genio de la literatura, era tan poco dado a lo mecánico que no tenía idea de cómo usar una simple máquina de escribir ni cualquier otro aparato mecánico[2].

Es probable que seas fabulosa en algunas cosas, competente en otras y que otras te cuesten un poco (o mucho). Por lo tanto, tiene sentido que elijas tus puntos fuertes más importantes y te apoyes en lo que tienes. Si tienes facilidad de expresarte, quizás quieras ser oradora o escritora. Si eres artista, podrás buscar oportunidades para practicar y enriquecer los medios de expresión con los que Dios te ha dotado. Por otro lado, si te cuestan las matemáticas, probablemente no elijas la contabilidad ni seas la tesorera de la asociación de padres del colegio. Además, si la organización no es tu fuerte, tal vez ese trabajo como asistente administrativa no sea para ti y ¡ni siquiera se te ocurra colaborar presidiendo la campaña de recolección de fondos de la iglesia!

Los sueños, los intereses y las pasiones que da Dios forman parte de la ecuación. Con frecuencia, te ayudarán a decidir entre las opciones. Puede que tengas talento artístico, por ejemplo, pero la vida solitaria y precaria de un pintor tal vez no sea para ti. Sin embargo, puedes desempeñarte como decoradora de interiores o te sientas motivada a colaborar con un grupo de muchachitos que van a pintar murales en las paredes de la sala de niños de la iglesia.

Si aún no tienes idea de cuál es tu fuerte, la lista que sigue puede servirte de ayuda. Dale una mirada a las doce frases y circula aquellas que reconozcas en ti.

* Te encanta jugar con las palabras y te destacas en la oratoria y la escritura.
* Te entusiasma expresarte por medio del arte e incluso hasta es posible que te hayan dicho que tienes talento artístico.
* Te gusta organizar y tienes el don de poner orden donde hay caos.
* Eres una motivadora natural.
* Te encanta recibir en tu casa y eres una excelente anfitriona de eventos especiales.
* Te motivan los números y las finanzas.
* Te place expresarte por medio de la música.
* Te gusta arreglar y reparar cosas.
* Te sientes cómoda en posiciones de liderazgo y las personas suelen buscarte para que dirijas.
* Te sientes a gusto detrás de la escena, cuando ayudas y sirves a los demás.

✳ Te entusiasman los desafíos físicos y las actividades manuales.

✳ Te atraen la investigación y la resolución de problemas.

¿Hay una o dos de estas descripciones que se adapten a ti? ¿Acaso alguna te resulta de interés? Si es así, ¿por qué no intentarlo? Elige un par de las que más te agraden, concéntrate en ellas y comienza a soñar con la increíble liberación de trabajar o servir en cosas que realmente te entusiasman.

Usa lo que se te dio

Tus dones y capacidades son parte del propósito de Dios para tu vida. El no usarlos puede llevarte a la frustración, la desilusión y la fatiga. De manera que cuando hayas identificado tus puntos fuertes, es importante que busques las oportunidades y los ámbitos en que puedas usarlas.

Trabajar con tus fortalezas puede implicar un cambio de empleo, como en el caso de Melisa. Puede también significar que realices un ajuste en tus responsabilidades laborales o que desarrolles un pasatiempo o una labor voluntaria. Es casi seguro que necesites eliminar algunas tareas de tu agenda para así tener lugar para agregar nuevas tareas, más adecuadas. Hagas lo que hagas, vivirás con más gozo y con mayor productividad si te tomas el tiempo para descubrir tus puntos fuertes y usarlos en tu vida.

Es positivo dar pequeños pasos, especialmente al principio. Si te sientes agobiada, es probable que no tengas tiempo ni energía para hacer mucho más. Comienza por anotar algunas ideas y posibilidades

71

que se te ocurran. Investiga un poco y solicita consejo. Ora a Dios para que te guíe en la dirección correcta y presta atención a las oportunidades que Él te da.

Aquello que te apasiona fue colocado en tu vida para producir un revuelo que nada ni nadie podrá provocar.

NICOLE JOHNSON[3]

Una palabra sobre los dones espirituales

Mientras intentas comprender cuáles son tus puntos fuertes, por supuesto, también desearás analizar otras cosas importantes: tus dones espirituales. La Biblia deja bien en claro que el Espíritu Santo da capacidades a cada miembro del cuerpo de Cristo. En Romanos 12, Pablo menciona varios dones espirituales como servir, enseñar, animar, dar, dirigir y ser compasivo[4]. Deja bien en claro que estos dones los da con el expreso propósito de edificar a la comunidad de cristianos y que los diferentes dones espirituales están para complementarse unos a otros.

¿Cómo determinas tus dones espirituales? Por lo general, aunque no siempre sea así, son congruentes con tus capacidades naturales y puntos fuertes. Una persona con el don de expresarse, por ejemplo, puede descubrir que tiene el don de la enseñanza… o también puede que se sorprenda al darse cuenta de que tiene el don de fe o de ser compasiva. Descubrir tus dones espirituales específicos y ponerlos a trabajar para el reino de Cristo es un tema para la oración y el discernimiento, tal vez con la ayuda de un mentor, de tu pastor o de un orientador espiritual. Elegir un tipo de servicio en el que puedas usar tus dones espirituales te dará poder y energías porque estarás trabajando en la fortaleza del Espíritu.

Vivir como un siervo fiel

Es difícil subestimar la importancia de descubrir dónde encajas. Una vez que reconoces tus puntos fuertes y aprendes a apoyarte en ellos, la sensación de agobio comenzará a ser reemplazada por un sentimiento de gozo y satisfacción que te ayudará a darte cuenta cómo debe ser la vida. Recuerda las palabras de Jesús a quienes usaron sus talentos: «¡Hiciste bien, siervo bueno y fiel!»[5]. Esa es la clase de gozo y satisfacción que recibió nuestra amiga Jane.

Jane no era brillante, ni bella ni talentosa. Tartamudeaba un poco y por eso se sentía incómoda si estaba con más de un par de personas. Tenía un empleo agotador en el que le pagaban veinticinco centavos por encima del salario mínimo. Todas las noches llegaba agotadísima a su pequeño departamento casi vacío. Cuando era jovencita había estado comprometida, pero dos semanas antes de la boda el novio encontró otra muchacha que le gustaba más.

En una cultura orientada hacia la juventud, consciente de la moda y de los grandes logros podrías pensar que Jane no tenía demasiado para ofrecer; ¡pero te equivocas!

Jane enseñó a los niños de cuarto grado en la escuela dominical durante veinte años y ellos la adoraban. Cuando entraba a una habitación todos los rostros se iluminaban mientras cada niño trataba de estar lo más cerca posible de ella. Todas las semanas su buzón de correo contenía invitaciones a bodas, anuncios de nacimientos y cartas con expresiones de aprecio de sus ex alumnos. Jane las respondía todas. Cuando cumplió los cincuenta, recibió cerca de cien tarjetas.

Esta mujer no tenía muchos talentos que llamaran la atención, pero exprimió al máximo sus puntos fuertes. Tenía el don de inspirar y motivar a los niños. Los amaba y ellos lo sabían. Cuando Jane falleció la primavera pasada, en la iglesia no cabían las personas que asistieron a su velatorio. Durante la ceremonia, cientos de ex alumnos comentaron con los ojos llenos de lágrimas cómo Jane había cambiado sus vidas.

Jane estaba lejos de ser una mujer agobiada porque fue suficientemente sabia para invertir su vida en desarrollar sus fortalezas y en promover el reino de Dios.

Los que no la conocían demasiado la llamaban simplemente «Jane».

El resto, se refería a ella como «sierva buena y fiel».

74

Algo para que lo intentes

Elige una opción:

🌼 Decide cuáles fortalezas y dones de las páginas 70 y 71 se aplican a ti. Si tienes otros, añádelos a la lista. Elige algo que te gustaría hacer durante el próximo mes que te permita usar ese don.

🌼 Enumera cinco cosas que hiciste en el pasado que te hayan producido gran gozo y satisfacción. ¿Qué puedes aprender de estos logros en cuanto a tus puntos fuertes?

🌼 Si pudieras hallar tu lugar, ¿en qué cambiará tu vida? Escribe un adjetivo o describe cómo crees que esto te hará sentir.

🌼 Hazte de cuenta que eres una visita importante en tu hogar. Enciende una vela aromática, siéntate en tu sillón más cómodo, pon un CD con música suave e inspira profundo. No te apresures y disfruta de estos momentos en los que te mimas un poco.

6

Cuando tu luz disminuye

*Las personas que son como faros
sacan a los demás de la oscuridad y
los conducen a un lugar seguro.*

JONI EARECKSON TADA

Hace muchos años había un farero encargado de mantener encendida la lámpara de aceite para que los marineros pudieran navegar con seguridad por un tramo peligroso de la costa Atlántica. Una vez por mes recibía la provisión de aceite. Como el faro estaba cerca de una población costera, el farero recibía numerosas visitas y la mayoría le pedía un poco de aceite prestado. Una mujer necesitaba combustible para calentar su casa. Otro visitante necesitaba aceite para sus lámparas. Otros tenían lo que parecía ser una necesidad genuina y el bondadoso farero trataba de complacerlos a todos.

Hacia fin de mes, una terrible tormenta azotó las rocosas costas. El fiel farero permaneció en su puesto cuidando la lámpara para que los barcos pudieran navegar seguros. Sin embargo, antes del amanecer, cuando la tormenta seguía rugiendo y los barcos continuaban siendo azotados por terribles vientos y temibles olas, el aceite se acabó y el faro se apagó[1].

Como has elegido leer este libro, creo (habla Alice) que sé algo de ti. Eres trabajadora y muy generosa. Tal vez seas esa clase de mujer que está dispuesta a renunciar a su porción de postre si no alcanza para todos. Si alguien necesita un favor, se lo haces aun cuando ayudarlo signifique que dejes de lado lo que tú deseabas hacer. Cuando de convertir los sueños en realidad se trata, repartes tu tiempo y tu dinero entre los demás mientras tus preciosos sueños quedan relegados.

Desde que tienes memoria, tu agenda siempre ha estado abarrotada. Cucharada a cucharada repartes con generosidad tu aceite. Eres realmente una maravilla y nos encanta que seas tan amable y bondadosa. Sin embargo, querida, solo queda un poco de combustible en tu lámpara y nos preocupa que te estés apagando antes de que consigas hallar los lugares donde Dios desea que brille tu luz.

Lo que Dios tiene en mente para ti

El doctor Lloyd John Ogilvie, ex capellán del senado de los Estados Unidos, nos cuenta acerca de cuando todavía era pastor de la Primera Iglesia Presbiteriana de Hollywood, California.

Al finalizar una reunión, una anciana lo tomó de la mano, lo miró fijamente a los ojos, y le dijo: «Ruego a Dios que su vida sea tan maravillosa como lo era en la mente de Dios cuando Él lo creó». De inmediato El doctor Ogilvie se dirigió a su oficina, cayó de rodillas y le rogó a Dios que le mostrara exactamente lo que tenía en mente[2].

Las Escrituras nos dicen: «No sean insensatos, sino entiendan cuál sea la voluntad del Señor»[3]. Su llamado es específico y personal. Dios tiene una tarea (o tareas) especialmente diseñadas para cada uno de nosotros y ha puesto un anhelo en nuestro corazón de hacer eso justamente. Como el doctor Ogilvie, necesitamos caer de rodillas y rogarle a Dios que nos muestre lo que tenía en mente cuando nos creó. Si no honramos su divino llamado en nuestra vida, es probable que estemos desperdiciando una energía preciosa y, al mismo tiempo, nos estemos desgastando.

Encuentra el momento para «algún día...»

Solía cuestionarme si descubrir un propósito en la vida era tan importante. ¿Qué hay de malo, pensaba, con levantarse cada mañana cuando suena el despertador y luego hacer todo lo que se me viene a la mano? ¿No es eso «estar disponible» para Dios?

El problema era que se me venían a la mano demasiadas cosas y no me quedaba tiempo para ocuparme de lo que podría darme energías y producir de veras una diferencia en el mundo. Mi agenda estaba siempre llena, pero había un vacío en mi corazón. Las pasiones que Dios da estaban olvidadas en mi página de las cosas para hacer «algún día». Mi lámpara seguía encendida pero no brillaba mucho.

Una vez, en que estaba harta, de prisa y no conseguía ponerme al día, decidí separar un día para ir a un retiro. Era un compromiso. La vida se había vuelto tan abrumadora que sentí deseos de dejarlo *todo* durante un año.

Me levanté temprano en mi día de retiro y conduje hasta un centro de conferencias cristianas, aproximadamente a cincuenta kilómetros al este de Portland, Oregón (EE.UU.). Me dieron una habitación cómoda. Por muy poco dinero sería mía durante ocho horas, sin radio ni televisión ni personas, a excepción de alguien que ocasionalmente me cruzara por el tranquilo sendero que rodeaba el predio. Era un bello día de otoño y me sumergí de inmediato en la belleza de las hojas amarillas y doradas que se entrelazaban hasta formar arcos. Y, como siempre me sucedía, las hojas que caían me recordaban los días de mi vida que se iban.

Muy a mi pesar, abandoné el dorado sendero y regresé a mi habitación. Había tres libros abiertos sobre la mesa: mi Biblia, mi agenda y una libreta. Eso, y un termo con jugo de manzana caliente con canela y limón, era lo único que había traído de mi casa. Me arrodillé en el piso cubierto por una delgada alfombra y comencé a orar que Dios me ayudara a volver a tener las riendas de mi vida. A los pocos segundos, estaba tan dormida que me levanté del piso y fui hasta la cama, donde caí en un sueño profundo. Al despertarme no me sentí para nada culpable, sino que sonreí porque pensé que esa era parte de la respuesta de Dios: descanso.

Me serví una taza de jugo caliente y comencé a confeccionar una lista de mis puntos fuertes y mis dones. Para concentrarme, utilicé algunas de las preguntas sugeridas en el capítulo anterior: ¿Qué actividades solían acarrearme los mayores cumplidos?

¿Haciendo qué cosa me sentía más cómoda y segura? ¿En qué cosas pensaban mis amigos que era buena? ¿Qué cosas me resultaban más cómodas?

También dediqué unos momentos a pensar en el final de mis días, no por ser morbosa sino para analizar el legado que deseo dejar. Yo deseaba que mis hijos y mis nietos me recordaran por algo más que por ser una mujer agobiada. Deseaba que al mirar hacia atrás vieran a una persona amorosa, que siempre tenía tiempo para ellos, que marcó una diferencia para Cristo en el mundo, que dedicó su corto tiempo en este mundo a hacer algo que realmente importaba. Esto me ayudó a concentrarme en lo que deseaba hacer con mi vida.

Por último, comencé una nueva página y puse un título: «Anhelos». Allí empecé a escribir, con rapidez y abandono, sin preocuparme porque alguien que no fuera Dios leyera mis apuntes. No taché ninguno. Por ahora.

81

Tus ojos vieron mi cuerpo en gestación:
  Todo estaba ya escrito en tu libro;
Todos mis días se estaban diseñando,
  Aunque no existía ni uno solo de ellos.
¡Cuán preciosos, oh Dios, me son tus pensamientos!
  ¡Cuán inmensa es la suma de ellos!

SALMO 139:16–17

Luego leí con atención el Salmo 139 y disfruté de la maravilla de la ternura divina al detenerme en los versículos 16 y 17 (en la página anterior). Otra caminata en el fresco y despejado aire otoñal me hizo sentir como nueva. Entonces estuve lista para releer mi página de anhelos y resumirlos de alguna manera en algo que pudiera convertirse en una meta o un propósito.

Esto era algo por completo nuevo para mí. Ya me había puesto metas con anterioridad, pero nunca había pensado realmente en relacionar mis sueños con mis metas. Las metas siempre habían estado relacionadas con lo que pensaba que *debía* hacer y no con lo que deseaba hacer. Jamás me detuve a pensar que mis profundos anhelos podrían estar relacionados con el plan de Dios para mi vida.

No deseaba perder tiempo pensando en lo inalcanzable, de modo que fue sencillo eliminar algunas cosas de mi lista. (Si ni siquiera puedo mantener un tono, jamás seré una diva de la música). Otras no parecían estar alineadas con mi etapa de la vida, mis circunstancias ni mis fortalezas. Sin embargo, algunas me hacían estallar el corazón de alegría. Eran cosas que podía hacer (aunque algunas con esfuerzo), cosas que me parecían interesantes, que me harían sentir satisfecha y que estaban en consonancia con lo que para mí era el llamado de Dios para mi vida.

Era interesante mencionar que estas cuestiones destacadas eran las mismas que yo había pensado hacer por años pero siempre estaba demasiado ocupada para hacerlas. Eran las que figuraban en mi página de los «algún día». Como creo que Dios pone sueños en nuestro corazón, decidí prestar atención a los sueños que perduran.

Todavía me quedaba tiempo para fijarme en la última pieza del rompecabezas: mi planificador. Era hora de eliminar las cosas que drenaban mi energía que no se ajustaban a mis puntos fuertes ni a los anhelos que Dios había puesto en mí. Al fijarme en cada punto, me di cuenta que solo unas pocas actividades me apasionaban. Me fue fácil descubrir que solía hacer compromisos basada en lo que otros querían que hiciera.

Durante mucho tiempo ansié realizar cambios en mi programa, pero mi día de retiro transformó ese deseo en una decisión. Recordé las palabras de un sabio. «Salir del ciclo tomará tiempo y dará trabajo, pero la vitalidad y el gozo bien lo valen». Entonces tomé mi bolígrafo y comencé a planear los cambios.

Haz que tus metas te sirvan a ti

- ✳ Ora.
- ✳ Anótalas.
- ✳ Calcula el costo para conseguirlas.
- ✳ Haz que tengan significado.
- ✳ Señálales la prioridad.
- ✳ Sé práctica y específica.
- ✳ Busca alguien a quien rendir cuentas.
- ✳ Procura ayuda si te cuesta.
- ✳ Divídela en pequeños pasos.
- ✳ Prémiate por cada pequeño avance.
- ✳ Trata por todos los medios que sea divertido.
- ✳ Ora.

Cumpliría con algunos compromisos asumidos pero no los renovaría. Hubo otros que decidí no completarlos y la decisión me llenó de alegría. Aquella tarde escribí algunas metas nuevas que se relacionaban directamente con mis sueños e incluí pasos en debía rendir cuentas para que me impulsaran a conseguir lo que anhelaba hacer. No veía la hora de regresar a casa y discutirlo todo con mi familia y amigos para que ellos me dieran su consejo y opinión.

Mantener la lámpara brillando

Mi primer retiro de un día fue hace doce años y desde entonces la dirección y los hábitos de mi vida han cambiado en forma notable. Me sigue gustando responder a los pedidos espontáneos, pero ahora pienso más antes de responder que sí. Me siento bien al responder que no cuando creo que esa es la mejor respuesta. Al continuar buscando los anhelos y los sueños que Dios ha puesto en mí, siento renovadas energías y un gran entusiasmo borboteando en mi espíritu. Noto que sonrío y canturreo con más facilidad. Y, lo más importante, siento que mi lámpara brilla con mayor intensidad.

No estoy diciendo que nunca me siento cansada. Sigo enfrentando momentos bravos de actividad intensa y creo que es apropiado. Coincido con lo que Jean Fleming escribe en su libro reflexivo *Between Walden and the Whirlwind*: «El torbellino es con frecuencia una parte saludable de seguir a Jesús. Claro, una vida continuamente caracterizada por un torbellino podría ser síntoma de problema, pero una vida que nunca cae presa de la vorágine y las presiones de la actividad sugiere énfasis en la autopreservación»[4].

A veces nuestros sueños y el propósito de Dios requieren que pasemos por algunos períodos cortos en que debemos trabajar duro. Sin embargo, no necesitamos seguir siempre así y yo afirmo que no debemos hacerlo. Aunque la vida parece enloquecedora por momentos, los años de cansancio constante han quedado atrás.

Un par de veces al año me tomo un día en casa con tres libros abiertos frente a mí: mi Biblia, mi agenda de bolsillo y una libreta en blanco. En una de las páginas de la libreta escribo mis puntos fuertes y mis dones, y en otra página, mis anhelos. Permito que las tiernas palabras del Salmo 139 refresquen mi corazón como una lluvia de verano. Pienso en el legado que deseo dejar. Entonces saco mi calendario. El proceso de eliminar las cosas que minan mis energías me lleva menos tiempo que antes pero sigue siendo necesario.

Con frecuencia vuelvo a pensar en aquel día en el centro de conferencias y la belleza de aquellas hojas amarillas y doradas entretejidas que formaban arcos. Las hojas que caen en el otoño siguen recordándome los días de mi vida que se van.

Sin embargo, ahora hay una diferencia.

En estos días mi lámpara sigue brillando con total intensidad.

Algo para que lo intentes

Elige una opción:

✳ Escribe un breve obituario (de una página o menos) que resuma lo que esperas que sea tu legado, lo que deseas que la gente recuerde de ti. Piensa tanto en cualidades como en logros: *Vivía de acuerdo a sus creencias. Siempre tenía tiempo para ayudar a alguien. Hizo que la biblioteca de la iglesia fuera un hermoso lugar para visitar.* Mantén esta lista a mano cuando escribas tus metas y planifiques tus actividades.

✳ Piensa en tomar una resolución que crees que disfrutarías al concretarla (no una que piensas que *deberías* hacer). Coméntala con una amiga especial y solicítale que te pida cuentas en cuanto a la realización de ese cambio en tu vida.

✳ Planifica de antemano un día para un minirretiro. Busca en la guía telefónica un lugar donde se realicen retiros o consulta a la cámara de comercio. También puedes disfrutar de tu minirretiro en tu hogar, sin la familia ni compañeras de cuarto, o incluso en un hotel cercano. Procura desconectar el teléfono, esconde el control remoto y hazte de cuenta que tu servidor de correo electrónico no funciona.

✳ Ve a un negocio especializado en velas o en exclusividades en regalos y consigue una lámpara de aceite. Elige una bonita para colocarla sobre una mesa o un escritorio que te recordará que debes cuidar de ti misma para que tu lámpara siga brillando en todo su esplendor.

7

Con el rostro
al sol

*Mantén tu rostro al sol
y no verás las sombras.*

HELEN KELLER

uando era pequeña, Hellen Keller perdió la vista y el oído. Sin embargo, a los diez años aprendió a hablar y a los veinticuatro se recibió con honores en la universidad Radcliffe. Durante su vida escribió numerosos libros, dio charlas y recibió títulos honorarios de universidades de todo el mundo.

Hellen Keller era verdaderamente una mujer talentosa y lo que en realidad atraía a las personas era su actitud. Su fresca sonrisa era característica en los noticiarios y las revistas. Sus escritos inspiraron y animaron a todo el mundo. No estaba dispuesta a permitir que las circunstancias dolorosas arruinaran una vida perfectamente buena.

Y sí, Hellen Keller fue una mujer excepcional. Ciertamente no era como nuestra mujer agobiada de todos los días. Sin embargo, al igual que tú, también enfrentó días de frustración y desánimo.

De manera que el mismo optimismo decidido que impulsó a Hellen Keller a mantener su rostro al sol podrá ayudarte a salir del pozo del abatimiento. No se trata de sentirse siempre bien o de tener una disposición natural alegre o risueña. No se trata de negar la realidad de la tormenta. Tiene mucho más que ver con la toma de decisiones en cuanto a enfrentar la vida.

Chuck Swindoll escribió en cierta oportunidad que «la vida es 10% lo que sucede y 90% cómo reaccionamos. Mi actitud es la decisión más importante que tomo cada día»[1].

Todas tenemos, en cualquier momento de cualquier día, la oportunidad de elegir si buscamos la luz del sol o si nos vamos a arrodillar en las sombras. Estas decisiones producirán una gran diferencia en si viviremos vidas felices y llenas de energía o si apenas subsistimos.

Los investigadores han descubierto que nuestra forma de pensar y lo que pensamos transforma la química del cerebro y nuestra salud. En su libro *Living to 100*, los doctores Margery Silver y Thomas Perls informan que las personas con una actitud positiva viven más y disfrutan de una mejor calidad de vida[2]. Tener una mirada positiva te da energía y atrae a las personas hacia ti. Promueve el éxito e incrementa la productividad, disminuye el estrés y tira a un lado la depresión. No hay dudas de que puede hacerte sentir menos agobiada.

Siempre habrá cosas de qué quejarse. Con demasiada frecuencia, la ley de Murphy parece real: Si algo puede salir mal, saldrá mal. Los problemas son reales y las decepciones pueden ser devastadoras. Sin embargo, tienes la posibilidad de creer lo mejor y de buscar lo positivo en cada situación. Las circunstancias no tienen por qué dictar tu actitud. Puedes estar por encima de todas las frustraciones, pero eso requiere lo que los psicólogos llaman «locus de control interno». En el lenguaje cotidiano, eso significa que estás controlado por tus decisiones y no por tus circunstancias.

Y no, esto no siempre es sencillo, en especial si eres una mujer agobiada. Si te encuentras luchando con la fatiga, estás sobrecargada y probablemente deprimida, puede que te cueste reconocer que el sol sigue estando allí y que ni siquiera tengas energías para buscarlo. Cuando las cosas se ven oscuras, pensar en positivo es verdaderamente un acto de fe así como también un acto de la voluntad. Sin embargo, sí puedes lograrlo (y te daremos algunas ideas de cómo hacerlo en este capítulo) podemos garantizar que tu vida será más brillante.

Estrategia positiva # 1: Ajusta el foco

El libro de Proverbios expresa de una persona: «Cual es su pensamiento en su corazón, tal es él»[3]. Tiene sentido. Si persistes en lo negativo, tenderás a ser negativa. Del mismo modo, si te inclinas a ser positiva, tu vida tomará una dirección positiva.

El apóstol Pablo nos dice específicamente que nos concentremos en lo positivo. Lo expresa diciendo: «Todo lo que es verdadero, todo lo honesto, todo lo justo, todo lo puro, todo lo amable, todo lo que es de buen nombre; si hay virtud alguna, si algo digno de alabanza, en esto pensad»[4].

Sin embargo, ¿cómo hacemos para mantener la mente concentrada en todo lo que es bueno, hermoso y brillante? A continuación enumeramos algunas estrategias que pueden ayudar:

❉ *Filtra lo que ingresa.* No hay vuelta que darle. Lo que lees, miras y escuchas (revistas, programas de televisión, películas, radio, Internet, CD) afecta tu manera de pensar y sentir. No tienes que negar la realidad, ya que probablemente necesites escuchar las noticias de vez en cuando; pero puedes decidir qué, cuándo y cuánto vas a escuchar.

✸ *Da lugar a tus sentimientos, pero no dependas de ellos.* Los sentimientos son importantes pero con frecuencia son inexactos. Puedes sentir que no vales nada; que Dios te ha abandonado. Sin embargo, sentir esas cosas no las convierte en reales. Si aprendes a enfrentar tus sentimientos negativos con palabras de verdad, te será más sencillo ser positiva.

✸ *Desecha los pensamientos negativos.* No podemos dominar los pensamientos que aparecen en nuestra mente pero no tenemos que permitirles que permanezcan. Obsesionarse por los problemas y repetir una y otra vez lo que nos ha causado daño solo sirve para aumentar las cargas que llevamos cada día.

✸ *Medita en la verdad y la belleza.* Esto es precisamente lo que Pablo quiso decir cuando nos aconsejó «en esto pensad». Cuando meditas en la belleza y la verdad, memorizas pasajes bíblicos y repites pensamientos positivos, las posibilidades son que tu actitud mejore.

✸ *Limita la queja.* Cuando tienes pensamientos negativos a veces necesitas desahogarte. Sin embargo, si siempre estás hablando sobre cosas negativas eso terminará por incrustarlas en tu mente. Escribe tus problemas o coméntalos con una amiga; pero resiste la tentación de andar lamentándote.

✸ *Cultiva amistades positivas.* El sufrimiento puede que busque compañía, pero evita la tendencia de alimentar

tu sufrimiento pasando demasiado tiempo con personas amargadas. Si eres una mujer agobiada, necesitas
la energía de las personas positivas. Trata por todos
los medios de ponerte en su camino.

Estrategia positiva # 2: Cultiva la risa en tu vida

A mí me encanta reír (habla Steve). Lo hago con tanta frecuencia
como puedo, si bien no tanto como me gustaría. La risa es fan-
tástica e incluso es contagiosa.

Mi familia y yo regresábamos a casa desde Florida. Era un
vuelo largo y proyectaban comedias para que nos entretuviéramos.
Una de ellas me causó tanta risa que me dolía el costado y hasta
me corrían las lágrimas por el rostro. No podía controlarme. Al
mirar a mi alrededor, observé que el resto de los pasajeros tampoco paraba de reírse.

—No es tan gracioso —apuntó mi hijo.

—Pero mira —objeté—, todos se están riendo.

—¿No te das cuenta que no miran a la pantalla sino a ti?

Bueno… esa situación fue un *poquito* vergonzosa; aunque no
tanto porque yo creo en la risa, en la mucha risa, en reírse a car-
cajadas, ¡a mandíbula batiente! Creo que es bueno para ti y que
puede llegar a salvar tu vida. Y si eres una mujer abatida, puede
llegar a iluminar tu actitud y aliviar tu carga.

El libro de Proverbios dice: «El corazón alegre constituye
buen remedio»[5] y la ciencia lo confirma. Numerosos estudios
indican que la risa frecuente reduce la presión sanguínea y los problemas cardíacos. También produce un gran impacto en mejorar
la salud mental, las relaciones y en brindar una sensación personal

de bienestar. Los matrimonios, los padres y las amistades pasan por momentos tensos cuando los conflictos, los sentimientos dolorosos, el egoísmo y la falta de sensibilidad aparecen en nuestro rostro. En estos momentos, un poco de risa puede ayudarte a deslizarte por la delgada capa de hielo y llegar a la orilla.

Paul Meyer, un autor de éxito según el *New York Times*, afirma: «La risa ilumina los buenos momentos y alivia los momentos difíciles»[6]. Creemos que es una maravillosa manera de expresarlo. La risa te eleva por encima del estrés cotidiano y de las presiones de la vida. Te da un receso, una salida para tu vida agobiada y cargada. Te rejuvenece y te da nuevas energías. Y, como si esto fuera poco, es divertido. Como adultos, es fácil tomarse las cosas con mayor seriedad de la necesaria. Los niños saben cómo reír y divertirse. Es más, los niños suelen sonreír o reírse un promedio de doscientas veces por día. Y, por si no lo notaste, los niños suelen tener una energía inagotable.

¿Qué hace que la risa sea tan liberadora? Provee un alivio físico de la tensión. Anima las relaciones y une a las personas. Renueva nuestras perspectivas al ayudarnos a mirar la vida de otra manera. Y como es difícil tomarnos demasiado en serio cuando nos reímos, una buena y sonora carcajada casi siempre aliviará nuestra carga.

No toda la risa es saludable, por supuesto. El humor cínico o burlón puede oscurecer nuestro corazón y alimentar nuestra amargura. Sin embargo, el antídoto para esa risa triste no es permanecer serios sino brillar cada vez más con la risa saludable. Si te sientes agobiada, cultivar la risa en tu vida podrá convertirse en una sorpresiva fuente de energía. Algunas ideas:

※ Dedica tiempo a estar con personas que te hacen reír.

※ Elige películas divertidas para ver en el cine o en vídeo.

※ Lee los chistes en los periódicos y revistas. En todo caso, ¡ponlo en tu agenda!

※ Ten una revista de humor en el baño o en tu mesa de noche. Una de las principales razones por las que me gusta la revista del *Selecciones del Reader's Digest* es que tiene buenísimas secciones de humor.

※ Pasar tiempo con los niños y los animales. No solo son ya de por sí divertidos, sino que son especialistas en tonterías que levantan el ánimo e iluminan el alma.

Un viejo proverbio francés dice que «no hay día más perdido que aquel en el que no hemos reído». Si no quieres seguir agobiada, te sugerimos que adoptes esa frase. Ríete mucho.

Estrategia positiva #3: Practica la gratitud

Un conferencista motivador recomienda cultivar una «actitud agradecida». Si bien la expresión puede parecer cursi, el consejo es sabio. La gratitud deliberada tiene la capacidad de poner todas las cosas desde una perspectiva nueva al recordarnos cuán bendecidos somos.

Viajé una semana (habla Steve) con mi hija en una misión a Oaxaca (México) donde trabajamos con los más pobres de esa comunidad. Pusimos piso de cemento en las casitas construidas en un basurero para que las familias no tuvieran que dormir en la mugre. Una de las cosas que más me impresionó fue la gratitud de esas personas: la familia que gastó el escaso dinero que tenían en comprarnos una gaseosa, la mujer que nos tomó las manos y las regó con lágrimas de gratitud, el hombre que estaba tan enloquecido de contento que tenía una sonrisa de oreja a oreja. Les dimos un piso nuevo, pero ellos nos recordaron todas las cosas que damos por sentadas, las muchas bendiciones que hacen valiosa nuestra vida.

¿Recuerdas haber entonado aquel himno sobre tomar en cuenta las bendiciones?

> *¡Bendiciones, cuántas tienes ya!*
> *Bendiciones, Dios te manda más;*
> *Bendiciones, te sorprenderás*
> *Cuando veas lo que Dios por ti hará*[7].

Cuando dedico tiempo a hacer esto, me asombro de la cantidad de cosas que tengo que agradecer. Me sucede lo mismo que cuando como papitas fritas: no puedo tomar «solo una». Una vez que comienzo, escribo y escribo sin parar… y me voy sintiendo cada vez menos fatigado. Muchas mujeres incluso tienen agendas de gratitud o diarios de bendiciones para llevar un registro de cosas buenas para meditar en ellas en el futuro e incluso contárselas a sus hijos y nietos más adelante. Mi amiga Carol tiene una carpeta en la que guarda cartas y notas con palabras de ánimo que le enviaron sus familiares y amigos. Ella la llama su «archivo para ruborizarse» y disfruta de leerlo cuando necesita algo que la anime un poco.

Sin embargo, la gratitud es mucho más que recordar los buenos momentos de la vida. La idea principal de reconocer las bendiciones es, en primer lugar, recordar que todas esas cosas buenas son regalos de Dios que tenemos que agradecerle. Debemos agradecerle las cosas pequeñas, las cosas grandes y todas las cosas. En el proceso, nos damos cuenta del constante cuidado que el Señor tiene con nosotros y eso hace que nuestras cargas se alivianen aun más.

Incluso debemos dar gracias a Dios en medio de nuestras dificultades, cuando no nos sentimos bendecidos. El rey David lo hizo. Aunque tenía innumerables problemas, llenó el libro de los Salmos con recordatorios como «Dad gracias al Señor porque él es bueno»[8]. Creo que en el proceso mantuvo su rostro hacia el sol.

Es un consejo saludable para los días en que las cosas buenas de la vida parecen esfumarse. Son los momentos en que puedes sentirte tentado a encogerte de hombros con melancolía y pasar a la siguiente obligación de la lista de cosas para hacer. Sin embargo, te animo a que profundices más.

Nancie Carmody escribió un breve artículo en la revista *Family Circle* que se refiere a esto. Escribió que se siente agradecida cuando suena el despertador porque «significa que estoy viva» y cuando la ropa le aprieta porque «significa que tengo lo suficiente para comer». Cuando cocina, limpia y acomoda también agradece porque «significa que tengo un hogar» y aun cuando se siente exhausta al final del día «porque significa que he sido productiva»[9].

Aunque parezca algo difícil, puedes elegir ser agradecida por los desafíos que te presenta la vida. En el proceso, puede que descubras que tienes más bendiciones de las que crees.

Estoy agradecida por…

Los *A*buelos, los amigos y el amor
Los bebés, la *B*elleza y la bondad
La compasión, la comprensión y la *C*reatividad
Los deseos, *D*ios y el descanso
Las *E*mociones, la esperanza y las estrellas
La familia, la *F*e y el fervor
La garra, los gatitos y el *G*ozo
Los helados, las *H*ojas y los hijos
La *I*nteligencia, la intuición y el invierno
La juventud, los *J*azmines y las jirafas
Los kiwis, los kinotos y los *K*ayac
Las *L*uces, los licuados y los lagos
La lluvia, las *LL*egadas y los llamados
Las madres, los maestros y la *M*úsica
La naturaleza, los *N*iños y la noche
La *O*ración, el orden y el otoño
La paciencia, la *P*az y las pasiones
Los recuerdos, la risa y el *R*ocío
La sabiduría, la *S*alud y el sol
El *T*iempo, los talentos y los truenos
La unidad, la *U*rbe y las uvas
Las vacaciones, los valores y los *V*ecinos
La *W*orld wide web
El éxito, la e*X*celencia y los textos
Yo, el yacaré y la *Y*apa
Las zambullidas, las *Z*anahorias y los zapatos.

TAMI STEPHENS(ADAPTADO)[10]

Aprende a estar contenta

¿Recuerdas las ocho cosas en las que el apóstol Pablo nos dijo que debíamos pensar en Filipenses 4? Unas cuantas oraciones más adelante, escribe: «He aprendido a contentarme, cualquiera sea mi situación».

Ese *cualquiera* es el secreto de una actitud positiva. Si haces que el sol brille a pesar de las circunstancias, vivirás con mucha más energía. Cuanto más alto pongas la mirada, mejor te sentirás. Así que, ajusta tu foco a lo más brillante, ríete con ganas y recuerda tus bendiciones.

Y por sobre todo, recuerda que Dios es optimista. Él conoce tu enorme potencial y con Él todo es posible. Mientras tengas eso en mente, la vida se vuelve emocionante y las puertas de lo maravilloso se abren a tu alrededor. Albert Einstein lo expresó de la siguiente manera: «Solo hay dos maneras de vivir la vida: una es como si nada fuera un milagro y la otra es como si todo fuera un milagro».

No sé tú, pero yo elijo el milagro.

Algo para que lo intentes

Elige una opción:

✺ Piensa en la persona más positiva que conozcas. ¿De qué manera enfrenta esa persona los desafíos?

✺ Cuéntale alguna de estas cosas a alguien:

El chiste más cómico que hayas escuchado

La situación más divertida que hayas vivido

La película más graciosa que hayas visto

La tira cómica que te parece más chistosa

La persona más divertida con la que te hayas encontrado.

✺ Ve al cine donde proyecten una película muy graciosa. No te limites a sonreír sino ríete a mandíbula batiente en todas las partes graciosas.

✺ Durante las próximas cinco noches, escribe cinco bendiciones específicas antes de irte a la cama. (Trata de que sean distintas cada noche). Léelas cuando te despiertes.

8

Paraguas amarillos

*La amabilidad es un paraguas amarillo
que nos protege en los días lluviosos de nuestra vida.*

KIMBER ANNE ENGSTROM

Está bien, lo sabemos. No quieres ni oír hablar de más cosas que hacer. En tu lista ya se acumula mucho más de lo que podrás hacer en toda tu vida. ¿Y qué si se trata de algo que no lleva tiempo en lo absoluto? ¿Algo que te hará a ti y a los demás felices de una manera increíble? ¿Algo que resulta perfecto para la mujer agotada porque vigoriza en vez de drenar las fuerzas?

¿Te parece demasiado bueno para ser verdad? Pues no lo es.

Allá en el año 1982, una mujer llamada Anne Herbert tuvo una idea. Garabateó lo siguiente en un mantel individual en un restaurante en Sausalito, California (EE.UU.): «Practica actos inesperados de amabilidad y actos de belleza sin sentido». Algunos años más tarde, un profesor llamado Chuck Wall apareció con la idea de manera independiente y desafió a sus estudiantes a que la pusieran en práctica. La frase era: «actos inesperados de amabilidad». La idea cayó bien y comenzó a rodar por el mundo. Hubo libros, organizaciones, artículos en las revistas, informes en los periódicos y pegatinas que decían: «Toca la bocina si te gustan los actos inesperados de amabilidad». Ophrah Winfrey dedicó programas enteros a la idea. Una película que se llamó *Pay It Forward* dramatizaba las posibilidades. Y el 17 de febrero pasó a ser para muchos el día de los actos inesperados de amabilidad.

Lo mejor de todo fue que los «actos inesperados de amabilidad» no fueron solo un lema. La gente comenzó a ser amable y compasiva; y el efecto de la onda expansiva fue increíble. Un alumno de sexto grado cuyo grupo se había comprometido a realizar diez mil buenas acciones inesperadas en un mes lo resumió con estas palabras: «Cuando hago algo por alguien me siento sumamente feliz».

Es difícil salpicar de gozo a los demás sin que te caiga algo a ti.

Practicar actos inesperados de bondad es un perfecto estimulante para una mujer agobiada. No requiere que vayas más aprisa ni que te involucres en un proyecto a largo plazo. Sencillamente requiere que disminuyas el ritmo lo suficiente para ser consciente de lo que te rodea y responder de manera espontánea. En vez de hacerte sentir más agotada, te dará energías y gozo.

Lo que Jesús dijo es cierto: «Hay más dicha en dar que en recibir»[1]. Dar no significa que se deba gastar mucho ni implica un compromiso a largo plazo. Resulta sorprendente cómo el más insignificante acto de amabilidad y generosidad puede producir una enorme diferencia en la vida de la otra persona.

Un simple elogio. Algo de estímulo. Un simple acto de consideración. Descubrirás que algo pequeño puede hacer mucho.

Algunas ideas para poner en práctica la amabilidad inesperada

Cederle el turno a alguien ✦ Dar una propina más abundante de lo normal ✦ Llevar flores al hospital y pedirle a la enfermera que se las dé a alguien que no recibe regalos de nadie ✦ Ofrecerse a una persona mayor o a una madre con niños pequeños a devolver el carrito de supermercado a su sitio ✦ Enviar una nota de agradecimiento a alguien que no la espere ✦ Llevar frazadas a un refugio de personas sin techo o a un refugio de animales ✦ Enviar un regalo anónimo ✦ Felicitar a cinco personas en una misma tarde ✦ Donar para una causa ✦ Ayudar sin que nos soliciten ayuda ✦ Comprar un ramo de margaritas y repartirlas entre los transeúntes ✦ Escribir una nota de aliento a un adolescente ✦ Hacer que alguien nuevo se sienta bien recibido ✦ Hacer un mandado para alguien que está enfermo ✦ Hacerle saber a alguien que estás orando por él.

Un simple elogio

Durante años luché con un espíritu de crítica (habla Alice). Parecía que mi misión en la vida fuera identificar lo que estaba mal y asegurarme de que alguien se enterara de eso. ¡Qué estilo de vida tan agotador! Por fin, me propuse comenzar a notar lo que estaba bien y a difundirlo. Eso era mucho más divertido.

Por ejemplo, cuando estoy en un centro comercial, me fijo intencionalmente en algún empleado que esté limpiando o acomodando. Entonces me acerco a esa persona y le digo algo así como: «Si no fuera por ti, yo no compraría en este lugar». Hago una pausa lo suficiente larga para que piense que soy un poco rara y luego prosigo: «Cómo se vería este lugar si tú no estuvieras. Estás haciendo un gran trabajo y aprecio mucho lo que haces». Resulta muy divertido ver el cambio de expresión en el rostro del empleado. Luego me alejo animada porque hice que alguien se sintiera bien en su trabajo.

Un simple elogio también puede hacer maravillas dentro de la familia. Mis hijos y mis nietos han cambiado para mejor desde que aprendí a elogiarlos en vez de criticarlos tanto.

En *Leaving the Light On*, John Trent relata una hermosa historia acerca de una pequeña que no se sentía muy bien. Un sábado por la mañana, el padre le comunica que desea llevarla a su restaurante favorito, el lugar que ella escoja. Al rato llegaron a un McDonald's. Antes de comenzar a disfrutar de la comida, el padre toma la mano de su pequeña hija y comienza a expresarle lo agradecido que está de que ella pertenezca a su familia. Usa palabras como *tesoro* y *preciosa* y señala algunas características específicas en ella que a él le encantan.

Cuando el padre finalmente está por comenzar a comer, la pequeña lo toma suavemente de la mano y le ruega: «Dime más, papito… dime más». Entonces él una vez más la toma de la mano y le dice lo mucho que ella significa para él. Tres veces más él escucha que ella le pide que le diga más. Luego, cuando por fin llegan a la casa de regreso, él escucha que la niña se dirige a la cocina y le anuncia a la madre: «¿Sabes una cosa? Soy especial. Papi me lo dijo»[2].

Por donde sea que vayamos, la gente anhela sentirse especial porque alguien se lo diga. Tú puedes ser ese alguien. Ya seas una mamá a tiempo completo, dueña de una empresa o que trabajes por el salario mínimo, tus palabras de elogio pueden llegar a transformar una vida, y quizá hasta eso vuelva a ti de rebote. Te darán un impulso y llenarán de música tu corazón. Como te gusta elogiar, tú también eres una persona especial.

> *Las palabras amables pueden ser*
> *Cortas y sencillas de expresar,*
> *Pero el eco que producen es infinito.*
>
> MADRE TERESA

Un poco de estímulo

El estímulo es tan importante como el elogio. Lo sé porque me encanta que la gente me aliente. Aun unas pocas palabras pueden ayudarme a cambiar mi expresión triste o a calmar mis frustraciones. He descubierto que expresarle palabras de aliento a alguien puede de verdad convertirse en algo que levanta el espíritu. Es infalible.

Cuando la gente habla de sus esperanzas y sueños contigo, sé la persona que señala las maravillosas posibilidades que eso tiene. Habrá muchos que señalarán los inconvenientes.

Como mujeres ocupadas que somos, en ocasiones nos resistimos a dar aliento porque luego nos sentimos obligadas a involucrarnos y a aceptar los desafíos de la otra persona. Sin embargo, el aliento no implica hacer el trabajo del otro ni tampoco convertir sus sueños en realidad. No quiere decir que uno se vaya a convertir en «animadora a tiempo completo» de esa persona. Hay formas sencillas de animar que llevan poco tiempo; como por ejemplo, destacar el talento o la capacidad de un niño, recordar a un amigo desanimado los éxitos que ya ha conseguido o ayudar a un adolescente a coordinar los pasos siguientes necesarios para alcanzar sus metas. Solo al escuchar con atención y al decir «cuéntame más» ya estás animando al otro. El mismo efecto lo puede producir un leve empujoncito para que alguien haga lo que tiene que hacer.

Un pequeño acto de amabilidad

Puede parecerte raro, pero hacer pequeñas buenas acciones espontáneas me da más satisfacción que los logros a largo plazo. Es una manera rápida de llenar mi tanque emocional cuando este se vacía. Por cierto, mi corazón sigue gozándose por algo que sucedió hace varios años.

Como disfruto de las flores frescas pero no tengo un jardín, es un placer para mí comprarme un ramo en la tienda. Un ramo mixto cuesta menos de cinco dólares y permanecen frescas por más de una semana. ¡Me encantan! Un viernes, cuando estaba comprando mi ramito, sentí algo en mi corazón que me decía *compra dos*. Era solo una sensación, así que podría haberla pasado por alto; pero no lo hice y compré otro ramo de flores.

Cuando me dirigí a la caja registradora, me coloqué detrás de una señora mayor. Ella era de corta estatura y estaba muy bien arreglada. Parecía sumamente organizada con sus compras. Cuando el empleado terminó de cobrarle, sentí nuevamente un aviso en mi corazón: *Las flores son para ella*. Ya se estaba yendo, así que tomé uno de los ramos, le avisé al cajero que me cobrara dos y que regresaría en un minuto.

Me aparecí por detrás de la mujer y le hablé con suavidad para que no se sobresaltara.

—Disculpe, pero sentí que Dios me indicaba que le diera estas flores.

Cuando ella se dio vuelta su rostro arrugado estaba lleno de asombro y las lágrimas recorrían cada pliegue de su sonrisa.

—Ah… la verdad es que no sé qué decir —tartamudeó—. ¡Qué bello regalo! Mi esposo siempre me traía flores, pero no recibí ninguna desde que él falleció hace ya más de cuatro años. Hoy luchaba con los recuerdos y me sentía sola. Jamás comprenderá lo que esto significa para mí.

Siempre recuerdo aquel momento en el que Dios me permitió ser parte de su divina sorpresa. De vez en cuando todavía me gusta comprar dos ramos y prestar atención a esa vocecita interior que me dice: *Las flores son para ella*.

En esos días en que te sientes negativa e irritable o sencillamente agobiada, permite que el placer sencillo de hacer obras inesperadas de bondad levante tu espíritu. Es como regalar paraguas amarillos para protegernos de los días lluviosos de la vida.

Algo para que lo intentes

Elige una opción:

✳ En algún momento de esta semana, cuando te encuentres en un negocio o un restaurante, descubre al menos dos personas a quienes puedas felicitar por su servicio.

✳ Piensa en alguien que conozcas que pueda necesitar aliento. Dentro de las próximas veinticuatro horas llámalo o envíale una nota.

✳ Dale una mirada a los actos de amabilidad sugeridos en la página 101. Agrega algunas ideas propias a la lista. Luego, junto con una amiga, vean cuántas de estas cosas pueden llegar a hacer en un mes.

✳ Prepara sales de baño con la siguiente receta. Guarda un poco para ti y regala el resto. *Echa 3 tazas de sal de Epson (sulfato de magnesio) en una vasija. En una taza de medir, mezcla una cucharada de glicerina, un par de gotas de colorante comestible y rocíalo con tu perfume preferido. Mézclalo bien lentamente y añade la mezcla líquida al sulfato de magnesio revolviendo en forma constante para que se una. Coloca esta mezcla en frascos decorativos y decóralos con un lazo de cintas*[3].

9

El secreto
de la simplicidad

*La simplicidad es el sueño
de todos los que tienen demasiado que hacer.*

AUTOR DESCONOCIDO

¿Cómo llegó la vida a ser tan complicada y a estar tan abarrotada de cosas? Anna se preguntaba.

Observaba a su alrededor su casa enorme, su agenda repleta, sus preocupaciones e inquietudes y se dio cuenta de que estaba perdida. Su vida estaba demasiado fuera de foco, demasiado acelerada, demasiado llena de cosas. Necesitaba apartarse para poder aclarar la mente y recuperar el aliento. Anne entonces pasó dos semanas sola en la playa en una casita sin electricidad. Todos los días observaba las olas, caminaba por la arena y escribía en su diario.

A partir de aquella experiencia, Anne Morrow Lindbergh escribió un libro fabuloso llamado *Gift from the Sea.* Al principio, ella describe con elocuencia la desconexión existente entre las intenciones y la realidad que frustra a tantas mujeres agobiadas: «Yo quería tener una vida sencilla… pero no era así. Descubrí que mi estilo de vida no fomentaba la simplicidad. No producía paz; destruía el alma»[1].

Sin embargo, durante el transcurso de su estadía junto al mar, Anne Morrow Lindbergh llegó a entender el secreto de disfrutar en verdad la vida. Es darse cuenta de «lo poco que uno necesita para sobrevivir y no lo mucho».

En otras palabras, el secreto es la simplicidad.

El problema es que lograr esa simplicidad no siempre es tan sencillo.

Todos ansiamos una vida más sencilla con menos complicaciones, más paz, más gozo, más libertad… Al mismo tiempo, tenemos una atracción adictiva hacia *más*. Vivimos la vida en medio del «demasiado»: demasiada información, demasiado ruido, demasiada actividad, demasiadas *cosas*. El desorden nos sofoca. Nos bloquea y nos distrae, nos tira abajo y nos hace tropezar. Sin embargo, seguimos sumando cosas, acumulándolas, llenando nuestra mente, aceptando compromisos, apilando en los rincones y en los estantes, atiborrando el automóvil y nuestro bolso. Incluso llegamos a pedir prestado a los demás.

La mayoría creemos que simplificar es parte de la solución de nuestra realidad agotadora, pero no tenemos idea de por dónde comenzar. Ni siquiera estamos seguros de saber qué es superfluo y qué es necesario.

Como dijimos, simplificar no siempre es sencillo (pero vale la pena).

Para conseguir la meta de aliviar tu vida, los esfuerzos simplificadores deben desarrollarse al menos en tres esferas: tu alma, tu agenda y tu espacio físico. El mismo plan básico puede guiarte en tu intento en cada esfera. Lo hemos esbozado en el cuadro que

sigue. En el resto del capítulo analizaremos en forma más específica cómo puedes simplificar cada esfera de la vida.

Un plan sencillo para simplificar tu vida

* *Ora.* Comienza por entregar todo el proyecto de simpli-
  ficación a Dios.
* *Divide en partes.* A menos que dispongas de una gran
  cantidad de tiempo, te sugerimos que concentres tu
  esfuerzo simplificador en una faceta de tu vida (un
  cajón, una habitación, un mes, un tema) a la vez.
* *Solicita la ayuda de alguien.* Puedes apoyarte en
  alguien que tome las decisiones difíciles en cuanto a
  qué guardar y qué no.
* *Ordena.* Cuando comiences, encara un tema tras otro y
  decide qué hacer con eso: confesarlo, delegarlo,
  hablar de un sentimiento, cancelarlo, archivarlo, dese-
  charlo...
* *Lleva adelante* tus decisiones de inmediato, antes de
  seguir con otra cosa. Si no lo puedes hacer en el
  momento, anótalo en el calendario. Si es algo físico,
  ¡no lo pongas de nuevo donde estaba!
* *Mantenlo de ahí en adelante.* Establece un plan para
  manejar nueva información, nuevas demandas de
  tiempo, nuevas adquisiciones materiales.

Simplifica tu alma

El rey David clamó: «Crea en mí, oh Dios, un corazón limpio»[2]. No hay dudas de que una de las maneras en que Dios hace esto es ayudándonos a limpiar nuestro desorden mental, emocional y espiritual que ya estamos agotadas de vadear.

* *El desorden mental* implica una sobrecarga de ideas e imágenes, temas que analizar, dilemas que resolver, amenazas por las que preocuparse. Literalmente tienes «demasiado en la mente» y este desorden mental puede llevarte a distracciones, obsesiones o pensamientos impuros.

* *El desorden emocional* consiste en sentimientos sin procesar, sin resolver e incluso sentimientos ni siquiera tomados en cuenta. Pueden ser temores, inseguridades, enojo, ansiedad… Cuando tu vida está cargada de desorden emocional, probablemente te sientas confundida y ansiosa la mayor parte del tiempo y el enojo estalle de forma inesperada. Tienes la sensación de encontrarte al límite o fuera de control.

* *El desorden espiritual* tiene mucho que ver con el pecado no reconocido e inconfesado. Las actitudes de rebeldía, codicia, deshonestidad, enojo, celos, amargura, falta de amor, orgullo, lujuria o ambición egoísta puede que se amontonen en tu corazón, en especial si no te has mantenido al corriente con Dios.

El caos en el alma es el desorden más devastador de todos. No solamente puede agobiarte y quemarte, sino que puede destruir todo lo que es importante para ti y para aquellos a quienes amas.

Cuida tu alma y todo lo demás se aclarará. Cuando hay sencillez de alma, el estrés halla menos rincones en los que esconderse.

Según nuestra experiencia, la mejor estrategia para ordenar el alma requiere de un bolígrafo, un trozo de papel y pasar un tiempo de rodillas. Poner nuestros pensamientos y sentimientos por escrito nos permite organizarlos para poder luego tomar las decisiones correctas. Un consejero o un amigo de confianza puede ser también de enorme ayuda al tomar decisiones necesarias.

Llevar nuestros pensamientos y sentimientos confusos a Dios en oración también nos ayuda a separar la basura y a enfocar nuestras ideas. La oración provee la respuesta que da Dios al desorden espiritual. Confesar el pecado, expresar arrepentimiento, pedir y recibir el perdón de Dios es el equivalente espiritual de limpiar el clóset que nos está volviendo loca. (Tenemos más que decir en cuanto a esto en el capítulo 13).

111

Simplifica la agenda

El comediante Steven Wright dice: «Creo que Dios va a venir y nos va a poner una multa por exceso de velocidad». Él ha captado la idea. La mayoría de nosotros nos movemos demasiado rápido y llenamos nuestra agenda sin dar margen a error. A este ritmo se torna difícil, si no imposible, descubrir y apreciar todas las cosas de la vida que realmente importan. Al correr para alcanzar tus metas u obligaciones o sencillamente para sobrevivir, el verdadero gozo pasa a ser un pensamiento agradable y nada más.

Cuanto más rápido avanzas, más tiendes a arañar la superficie de tu vida en vez de profundizar. Haces lo urgente y no lo importante.

Escuchas a grandes rasgos, comes a las disparadas, haces gimnasia cuando encuentras un momento y produces solo lo que te piden. Ese estilo de vida llena el tiempo pero no te llena como persona y hace que seas relacional, emotiva y espiritualmente superficial. Limpiar tu agenda hace que bajes el ritmo y te da el tiempo para profundizar y disfrutar de la vida.

Stu y Tauni lo hicieron de forma drástica cuando decidieron abandonar sus excelentes y bien pagados empleos y vender su enorme casa en las afueras. Tauni explicó que ese estilo de vida estaba destruyendo su salud y su matrimonio. «Estamos tan ocupados ganando dinero y corriendo de aquí allá que no nos queda tiempo para vivir». De manera que compraron una casa mucho más chica en el campo, consiguieron empleos que les demandaran menos energía y tiempo y aprendieron a disminuir el ritmo de vida. «Es una de las mejores cosas que hemos hecho», afirma Tauni. «Ahora tengo tiempo para relajarme, para amar y para vivir».

Puede que no estés lista para dar semejante paso en pos de aliviar tu agenda. Sin embargo, puedo prometerte que cualquier esfuerzo que hagas para ordenar tu tiempo eliminará una gran cuota de estrés. En el capítulo 6, Alice describe un momento en el que hizo esto y sugiere una magnífica estrategia para limpiar de tanto en tanto la agenda.

Simplifica tu espacio

Nuestra cultura está obsesionada con las cosas. El poseer es algo que ocupa nuestros días y nuestros sueños. Nos encanta comprar, aunque eso rara vez nos satisface durante mucho tiempo. Las cosas parecen poseernos tanto como nosotros las poseemos a ellas. La mayoría de nosotros tenemos mucho más de lo necesario; sin embargo nos cuesta resistirnos a la tendencia a seguir acumulando.

Jesús se refirió a este tema y a las limitaciones de una existencia centrada en las cosas: «No acumulen para sí tesoros en la tierra, donde la polilla y el óxido destruyen, y donde los ladrones se meten a robar»[3]. Acumulamos cosas porque nos dan una falsa sensación de seguridad, de comodidad y de orgullo; pero eso es un engaño. A decir verdad, las cosas materiales nos traen más desorden, más estrés y más trabajo.

113

Cuanto más tienes

> CUANTO MÁS TIENES, más quieres.
>
> CUANTO MÁS TIENES, menos satisfecho estás.
>
> CUANTO MÁS TIENES, más personas lo codiciarán.
>
> CUANTO MÁS TIENES, más cuenta te das de que no te hace bien.
>
> CUANTO MÁS TIENES, más tienes de qué preocuparte.
>
> CUANTO MÁS TIENES, más te cuesta conservarlo.
>
> CUANTO MÁS TIENES, más tendrás para perder.
>
> CUANTO MÁS TIENES, más dejarás cuando te vayas.

RANDY ALCORN[4]

Para combatir la acumulación de cosas materiales te sugerimos que tomes una habitación o una parte de ella, tomes un artículo en tus manos y te preguntes: ¿Lo necesito? ¿Lo disfruto? ¿Me importa? ¿Lo he usado en el último año? Si no puedes responder en forma afirmativa al menos una de las preguntas, quizá ha llegado la hora de deshacerte de eso. Si no logras tirarlo o regalarlo, colócalo en una caja que tenga una etiqueta con una fecha dentro de seis meses y vuelve a considerarlo entonces. Cada vez que compres algo nuevo, trata por todos los medios de deshacerte de alguna cosa.

Y si todo lo que tienes te gusta muchísimo como para deshacerte, pide ayuda. Un buen libro de organización del hogar[5] puede darte algunas indicaciones al respecto. Un amigo sincero o incluso un organizador profesional podrán ayudarte a tomar esas difíciles decisiones. Cualquier inversión que hagas de tiempo o dinero en pro de la simplicidad redundará en paz y energías renovadas.

La libertad de la simplicidad

Solo unas pocas cosas son necesarias. Tener mucho nos roba la vida y nos distrae de los aspectos más importantes de la existencia. Cuando elegimos la simplicidad, es como si nos quitáramos la venda del agobio y comenzáramos a ver con nuevos ojos las maravillas que nos rodean.

Una maestra pidió a sus alumnos que escribieran las siete maravillas naturales del mundo. La mayoría de los niños terminaron rápido y salieron corriendo a disfrutar del recreo. Solo una pequeña permaneció en su banco pensando en lo que iría a escribir. De repente, su carita se iluminó con una sonrisa, escribió algo, lo entregó a la maestra y partió feliz a jugar con el resto de sus compañeros. La maestra se fijó en lo que la niña había escrito:

Ver

Oír

Saborear

Tocar

Correr

Reír

Amar

Sencillo, ¿no?... ¿quién podría pedir más?

Algo para que lo intentes

Elige una opción:

🌼 Para aliviar tu mente, intenta con un ayuno audiovisual (sin televisión, radio, equipo de música ni computadora) durante veinticuatro horas. Cuando termines, escribe cómo te sentiste con el experimento.

🌼 Recorre la casa con una canasta o bolsa y recoge varios artículos que estás dispuesta a regalar. Coloca la bolsa de inmediato en el baúl del automóvil y dirígete hacia una tienda de compra y venta de objetos usados o a una entidad caritativa.

🌼 Si tuvieras que escribir siete cosas que consideras que son «maravillas», ¿qué pondrías en tu lista?

🌼 Imagina el sencillo placer de estar a la orilla del mar acostada en la playa con las olas que vienen y van. ¿No sientes acaso que te meces, aunque en realidad estás inmóvil? Eso es maravilloso, ¿no lo crees?

10

Alimenta el alma

El Señor es mi pastor, nada me falta;
en verdes pastos me hace descansar.
Junto a tranquilas aguas me conduce;
me infunde nuevas fuerzas.

SALMO 23:1-3

No crees acaso que las palabras del Salmo 23 nos brindan una hermosa imagen de un momento lleno de paz que alimenta el alma? ¿No anhela tu espíritu agobiado poder disfrutar de un momento de calma con el Señor y descansar en los verdes pastos y pasear por la orilla de las tranquilas aguas o «aguas de reposo» como dice otra versión?

Janey, que se acaba de jubilar, está aprendiendo de nuevo el gozo de caminar junto a las tranquilas aguas. «Se ha convertido en un hábito levantarme temprano y pasar unos momentos repantigada en un sillón cómodo en el sector de la casa por donde asoma el sol. Con la Biblia abierta, este es mi momento para reflexionar, orar... y soñar. Estos ratos a solas son una forma agradable de recibir el tesoro de un nuevo día».

Sin embargo, Bárbara, mamá de niños pequeños, tiene una visión muy distinta de las mañanas: «Sí, ya escuché; pero no puedo creer que ya sea la mañana. El reloj despertador suena fuerte pero como si estuviera lejos. Siento los brazos paralizados y tengo los ojos tercamente a media asta. Son las seis de la mañana y el día recién empieza. Aunque me acosté a las once, siento como si solo hubiera dormido un par de horas».

Eva, una profesional, afirma saber por qué el reloj despertador tiene un nombre tan desagradable. Al apagar la alarma, sale de la cama y comienza a llenar su día de actividades. Come a las apuradas, escucha los mensajes que dejaron en el teléfono mientras se viste y envía oraciones tipo telegrama mientras está atascada en el tránsito.

¿Será cierto que el sencillo placer de estar a solas con nuestros pensamientos y nuestro Dios está reservado solo para aquellos que tienen agendas libres como Janey? En su libro *Margin*, el doctor Richard Swenson pregunta: «¿Acaso Dios no conduce más a las personas a las tranquilas aguas?»[1]. Muchas mujeres agobiadas seguramente se preguntan lo mismo. No creemos que Dios de repente se haya vuelto partidario del agotamiento; pero a veces nos parece que no nos ha dado el tiempo *suficiente* para que podamos seguirlo a aguas tranquilas.

Sin embargo, el problema no es con Dios, por supuesto. Ni siquiera podemos echarle la culpa de la sequía de nuestra alma agobiada, inmersa en una cultura tan promocionada. El Señor nos sigue pidiendo que lo sigamos a las tranquilas aguas para así poder restaurarnos. No obstante, nunca nos obliga a hacer lo que es bueno para nosotros. Cuando Él llama, debemos acudir.

Creía (habla Alice) que las mujeres comprendían de manera intuitiva el valor de nutrir el alma, que es lo que sucede cuando seguimos al Señor. Cuando nuestra necesidad de ese alimento queda sin respuesta, el anhelo se intensifica. Somos como el ciervo acerca del cual escribió el rey David:

Cual ciervo jadeante en busca del agua,

Así te busca, oh Dios, todo mi ser[2].

Aun si estamos en una etapa de la vida en que apenas esperamos, la profunda sed de nuestra alma —sumada a la guía del Señor y un poco de ingenuidad— podrá ayudarnos a hallar el camino para encontrarnos con Dios en medio del día.

Busca tiempo para nutrir tu alma

Bárbara Curtis, la madre de los niños que mencionamos antes, escribe acerca de su experiencia de madre joven recién convertida: «Un día en que me hallaba desenroscando un montón de medias antes de colocarlas en la lavadora oré: *Señor, ¿tendré yo un cuarto para orar? ¿Y qué de eso que llaman hora de quietud?*». El Señor le dio una respuesta sin palabras que le quedó grabada en el corazón: «¿Y no estás orando ahora?». Bárbara prosigue el relato: «Así fue como mi lavadero pasó a ser mi cuarto de oración. Allí es donde me encuentro con el Señor todas las mañanas antes de que mis hijos se levanten y durante el día en los distintos momentos en que paso ropa del canasto a la lavadora, de allí a la secadora y nuevamente al canasto. Fue en esos breves instantes que hallé mi hora de quietud»[3].

Eva, la que mencionó lo del horrible nombre del reloj despertador, es buena para cumplir con las citas. Descubrió que en su caso algo tan sencillo como escribir «tiempo con Dios» en su agenda fue decisivo en su caso. Al darle a estos encuentros la misma prioridad que le da a otros asuntos importantes, Eva se siente menos presionada con los horarios y nota que en esos días disfruta mucho más una sensación de armonía.

Rhonda Byrd trabaja con mujeres en el liderazgo de su iglesia. En diciembre pasado, todas las damas tenían un almanaque del nuevo año y cada una dedicó tiempo durante el encuentro para programar citas especiales con el Señor una vez al mes. Estas citas especiales eran de una hora y eran aparte del devocional diario o el estudio bíblico. Rhonda dice: «¡Trata de anotar algo en tu agenda y luego cancelar la cita con Jesús!».

Rhonda describe una de sus especiales «citas con Jesús» de la siguiente manera: «Envié a mi esposo y a nuestro pequeño hijo a comer pizza afuera mientras yo me quedé en casa dándole gracias a Dios por ser lo que es. Encendí algunas velas y puse mi CD de alabanza y adoración preferido de fondo»[4].

Para muchas personas, hacer gimnasia les da una excelente oportunidad de tener su tiempo devocional. Mientras movemos el cuerpo, la mente y el espíritu están libres para estar en comunión con el Señor y el simple hecho de hacer gimnasia es un momento de soledad y quietud. Además de un extraordinario ministerio que los llevó a todas partes del mundo, Norman Vincent Peale y su esposa Ruth hallaron la manera de encontrar soledad incluso cuando hacían ejercicio junto. Durante muchos años, caminaban de tres a cinco kilómetros juntos pero sin hablarse. Lo llamaban su «tiempo a solas compartido».

Hallar el momento para alimentar el alma es una búsqueda exclusiva de cada persona. Puede que quieras intentar alguna de las ideas que se mencionan más adelante, acomodándolas de manera que se ajusten a tu situación, o quizá quieras probar con algo por completo diferente. Dios sigue guiándonos a tranquilas aguas y Él te ayudará a encontrar el tiempo para seguirlo.

> Fe es...
> descansar en su amor,
> en su presencia,
> en su provisión.
>
> PAMELA REEVE[5]

Encuentra un lugar agradable

Cuando hayas encontrado el momento para alimentar el alma, encuentra un lugar. No tiene que ser el mismo lugar todos los días, pero creo que los sitios para alimentarse tienen que ser relajantes, como almohadas de serenidad. Tienen que ser tranquilos, acogedores, confortables; tienen que ser lugares que por su característica propia ya brindan calma y satisfacción.

Anita dice que su alma se nutre cuando camina por su jardín y observa la belleza de cada estación (incluso antes o después de la floración). A veces el lugar de placer de Alicia es tan sencillo como sentarse junto a un ramo de jacintos y disfrutar la fragancia que despiden. Carola disfruta de relajarse en la terraza de su patio, mientras observa a los petirrojos que toman un baño y el perro se hace un ovillo a sus pies.

Otros dicen que su lugar apacible es la mecedora de la terraza, un rincón cómodo de su habitación preferida, la mesa de la cocina mientras toma un café en su taza favorita, una caminata matutina por una calle arbolada o una apacible tarde a la orilla del mar. A algunas personas les encanta encontrar un rincón en un café tranquilo donde pueden permanecer un rato, o incluso un lugarcito confortable en una biblioteca.

Si no se te ocurre un lugar agradable que sea accesible, hallarlo es una «obligación» en tu lista de cosas para hacer. Considéralo una inversión en la tranquilidad futura. Puedes crear tu propio espacio con solo encender una vela aromática o colocar una rosa sobre el escritorio donde estás leyendo. También puedes dedicar una tarde a despejar un rincón en tu dormitorio o en la buhardilla y agregar lo que necesites para hacerlo confortable y hermoso (una silla mullida, un cobertor, una mesita para tus libros, tal vez un reproductor de CD).

Cuando tengas tu lugar confortable, aprovéchalo al máximo para nutrir tu alma. Inspira profundamente, contén la respiración unos segundos y luego exhala con lentitud. Repítelo varias veces. Regresa con frecuencia a tu lugar confortable y disfruta del gozo que nutre el alma que te produce el solo hecho de estar allí.

Aprende a tomarte un tiempo

Luego de encontrar el momento y el lugar para darle entrada a Dios a todos tus días —de veras, a cada momento—, descubre maneras de demorarte para poder profundizar en su divino amor. Kathy Callahan-Howell escribe que esto puede ser «como arrojar una piedra en el estanque y esperar a que se calmen las ondas. Lleva tiempo calmarnos y permanecer quietas ante Dios»[6].

Si tienes listas de cosas por hacer más largas que las horas que hay en un día, te costará relajarte y estar con el Señor aunque sea quince minutos. Mientras tratas de tranquilizarte ante Dios, puede que tu mente esté distraída y concentrada en tus listas. Tal vez sientas como si la policía de control de productividad va a tocar a tu puerta si reposas más de unos momentos. Otras mujeres que han experimentado esta misma frustración descubrieron que las siguientes ideas les fueron de utilidad:

 ## Un rincón para preparar

Mantén todo lo relacionado con tu tiempo devocional en un mismo lugar. Mi «tesoro del rincón» lo componen una Biblia, un libro de meditaciones, una agenda, un hermoso cuaderno de notas, mis marcadores preferidos y dos bolígrafos, uno para resaltar y el otro para escribir. El cuaderno es para apuntar allí las diligencias o llamadas por hacer que me vengan a la mente mientras trato de relajarme. Descubrí que al escribirlos les quito el poder de distracción que tienen. Mi amiga Sharon tiene su «tesoro del rincón» en una preciosa canastita. Dice que de esa forma puede trasladarla a cualquier lugar: al sillón de la terraza, a su silla favorita o incluso a una mesita apartada en su café preferido.

 ## Una página para leer

Ya sea que estés haciendo la lectura en un año o solo algunos versículos por día, dedica parte de tu tiempo a leer la Biblia. Joanna Bloss en un artículo de una revista titulado «Spiritually Dry»,

123

sugiere que se estudie el Salmo 119 durante un mes. Que uno lea seis versículos por día y anote las bendiciones de conocer la Palabra de Dios[7]. Leer de un libro de meditaciones es otra forma maravillosa de alimentar tu espíritu. Hemos mencionado algunos de los clásicos y unos pocos favoritos en la sección de lecturas recomendadas al final de este libro.

✳ Una conversación para tener

La oración no es un monólogo sino una conversación. Ora como si Dios estuviera presente. (¡Lo está!) En vez de orar a toda velocidad, dedica unos momentos a escuchar. Una de mis formas preferidas de orar es hacer una breve pausa luego de cada frase de alabanza, de cada petición y escuchar cómo Dios responde. Cuando lo alabo por sus atributos, percibo el placer que le provoca. Cuando le hablo de mis más profundas preocupaciones, siento en mi corazón palabras de consuelo como: *Confía en mí, hija mía. Tu ser amado nunca está fuera de mi cuidado.*

124

Hay momentos para ser y nada más,
es cuando Dios nos dice suavemente quiénes somos
y quién quiere que seamos.
Es entonces cuando Dios toma nuestro vacío
y lo llena con lo que Él desea.

MADELEINE L'ENGLE

Si eres una mujer que siempre anda a las corridas, es probable que comiences tu tiempo de oración con peticiones y tal vez se te acabe el tiempo antes de empezar a alabar. Puedes desarrollar una nueva dimensión en tu tiempo de alimentar el alma si alguna vez inviertes el orden. En su libro *Legacy of a Pack Rat*, Ruth Bell Graham nos cuenta de su rutina de levantarse temprano, preparar una taza de café y luego sentarse en la mecedora que está en el porche, donde se ponía a orar por cada uno de sus hijos y nietos. Una mañana se levantó más temprano que de costumbre y antes de comenzar a orar, se puso a escuchar el despertar de la mañana. Lo describió como una sinfonía, con el cielo límpido cargado de melodías como si toda la creación estuviera alabando a Dios al comenzar un nuevo día. Y finaliza diciendo: «Aprendí una lección. Había estado comenzando mis días con peticiones y los debía de haber comenzado con alabanza»[8].

 Un diario para escribir

Muchas de las mujeres de Dios que conozco llevan un diario. Algunas escriben todos los días y otras lo hacen de vez en cuando. Puede serte de utilidad tener un cuaderno o un diario durante tu tiempo devocional de manera que cuando Dios te hable a través de las Escrituras o mientras oras puedas anotar lo que escuchas para que no lo olvides.

Un diario puede ser algo tan sencillo como un cuaderno con espiral o tan sofisticado como un libro encuadernado con una pluma fuente *verdadera*. Salir a comprar un diario es siempre algo que disfruto. Me gusta tener en mi «tesoro del rincón» uno que tenga renglones y una tapa bonita que me resulte atractiva. Soy una escritora de diarios esporádica, pero me encanta releer pensamientos y oraciones de otros años. Entretejidos entre las páginas hay pasajes de la Biblia escritos a mano a los que agregué un pequeño corazón y las palabras *Promesa de Dios*. Hay páginas en las que me he sentido morbosamente triste, muy enojada o increíblemente feliz. Otras páginas pueden describirse como cartas de amor a Dios. Cuando releo mi diario, mis propias palabras me inspiran a escribir con mayor frecuencia. (Quizás, luego de escribir esto, lo haga).

Un descanso para nutrir el alma

Estas ideas son solo primeros pasos. Hay muchísimo más para alimentar el alma. Los capítulos 6 y 18 te darán más ideas y puede que te inspiren a planificar pequeños retiros para tu alma.

No cometas el error de pensar que alimentar el alma es algo optativo. No se trata de un lujo sino de una necesidad. Podría definir a la mujer agotada como la persona que ha permitido que su alma se resecara y marchitara porque, por una razón u otra, no ha sido capaz de pasar tiempo junto a tranquilas aguas. Ninguna de nosotras hallará equilibrio en su vida ni se convertirá en la mujer que Dios tiene en mente si no hay espacio para la quietud que restaura el alma.

Lo bueno es que Dios *desea* que pasemos un tiempo con Él y nos conducirá a tranquilas aguas si escucharlo y seguirlo se convierte en una prioridad.

En sus escritos, Carole Mayhall con frecuencia me deleita con su percepción y la belleza de sus observaciones. El siguiente trozo nos recuerda que es con frecuencia en los momentos de quietud y reflexión cuando descubrimos las simples maravillas que nos refrescan.

Era un prístino y moderno día de primavera en el estado de Washington, con las montañas coronadas de nieve, salpicadas de laureles y flores de colores brillantes. Mientras conducía por un camino rural muy pintoresco, pasé por un campo bien arreglado con una elegante cerca en la que había un cartel que con hermosa caligrafía sugería:

POR FAVOR, CONDUZCA EN SILENCIO

Tenía dibujadas algunas notas musicales. No comprendimos lo que significaban hasta que hallamos otro cartel unos cincuenta metros más adelante. Adornado con más notas musicales anunciaba:

ALONDRAS CANTANDO[9].

Algo para que lo intentes

Elige una opción:

✳ Piensa en algunos de los lugares agradables en los que te gustaría pasar momentos de quietud. Describe uno de tus preferidos. Mejor que eso, *ve* allí ahora mismo.

✳ Durante un mes prueba con la idea que sugiere Joanna Bloss: Lee seis versículos del Salmo 119 por día y anota las bendiciones y los beneficios de conocer la Palabra de Dios.

✳ Encuentra un amigo o miembro de la familia que se comprometa a preguntarte todos los días durante una semana: «¿De qué manera nutriste hoy tu alma?»

✳ Dedica un poco de tiempo a elegir un diario en una librería. Disfruta con la variedad y belleza de las cubiertas. Percibe la textura de la tapa y de las páginas. Fíjate que algunos tienen una cinta marcadora mientras otros tienen espiral. Algunos tienen renglones para facilitar la escritura mientras otros no los tienen para brindar la posibilidad de dibujar además de escribir. ¿Hay en el interior citas de inspiración o dibujos y cuadros? Si encuentras uno que te fascine, cómpralo aunque nunca antes hayas llevado un diario.

...es
...amigas

Un amigo verdadero abre su corazón,
aconseja con sabiduría,
auxilia con presteza, alienta con prontitud,
acepta todo con paciencia, defiende con valor
e, invariablemente, continúa siendo un amigo.

ADAPTADO DE WILLIAM PENN

Cuando Sally descubrió que su marido estaba saliendo con otra mujer sintió que su vida se hacía añicos. Se sintió dolida, enojada y temerosa. Pensó que era un fracaso como esposa y ya no sabía qué hacer. Se sintió sola en medio de su dolor pero también ansiosa por lo que la gente pensaría si ella comentaba su problema con alguien. Durante varios días cargó con el secreto e intentó ocultar la desesperación que llenaba cada hora de su vida.

Sin embargo, una mañana luego del estudio bíblico, una buena amiga la saludó con un abrazo y le preguntó: «¿Cómo te va, Sally?». Se rompió la represa, y las lágrimas comenzaron a rodar por sus mejillas más rápido de lo que ella las enjugaba. Su querida amiga la condujo a un rincón en busca de privacidad y le susurró con cariño: «Estoy aquí para escucharte».

Sally le abrió su corazón y le contó toda la his[...]
terminó, la amiga apoyó suavemente un brazo sobre s[...]
y le dijo: «No te voy a decir que sé cómo te sientes, per[...]
muy doloroso. Te prometo que más allá de cuanto dur[...]
contigo. Estaré a tu lado cada vez que me necesites».

El desahogarse con una amiga de confianza y escuchar a[...]
llas palabras de aliento, le dieron a Sally el rayito de esperanza q[...]
necesitaba con tanta desesperación. Es la misma clase de esperanz[...]
que necesita toda mujer agobiada.

Aunque disfrutes de estar con otras personas, sentirte agobiada puede hacer que te aísles de los demás. Cuanto mayor sea tu
nivel de estrés, de agotamiento o de depresión, más tenderás a
replegarte. Sin embargo, ese es el momento en que más necesitas
de las personas. No de cualquier persona, por supuesto, sino de
amigas confiables que puedan brindarte un buen apoyo. Las necesitarás por al menos cinco razones distintas.

Las amigas brindan perspectiva

Cuando estás sobrecargada, es fácil sentirse paralizada y no ver
todas las opciones. A veces las respuestas a tu estrés y a tus luchas
están delante de ti pero necesitas que te ayuden a encontrarlas. Las
amigas pueden ayudarte en ese sentido. Pueden ayudarte a mantener el equilibrio o a recobrarlo. Más allá de lo inteligente o capaz
que seas, habrá días en los que te sentirás perdida y necesitarás
orientación clara, ideas frescas o una perspectiva distinta. Y una
vez más, para eso están las amigas.

Lugares donde se halla una amiga

* *Encuentra una causa.* Involúcrate en un proyecto valioso que sientas de corazón. Allí encontrarás a otras personas que sienten la misma pasión que tú, de manera que estarás colaborando en algo significativo al mismo tiempo que andas a caza de amistades.

* *Encuentra una iglesia.* Súmate a una iglesia que crea lo mismo que tú. Asegúrate de integrarte a los grupos pequeños y a las demás actividades que se ofrecen para la gente de tu edad, aun si eres tímida.

* *Encuentra una clase.* Las clases de gimnasia, las manualidades y los cursos por lo general son lugares excelentes para encontrarse con personas con intereses en común, lo que hace que sea más sencillo entablar una conversación y comenzar una amistad.

* *Encuentra un club.* Los grupos de cuidado de niños y otras actividades organizadas para niños pueden ayudarte a hallar amigas mientras tus hijos los hallan también.

* *Encuentra un comité.* Si tienes habilidades de liderazgo, sumarte a una tarea en la iglesia o en una organización civil es una maravillosa manera de relacionarte. Trabajar codo a codo con las personas puede forjar amistades estrechas mientras se consigue un objetivo valioso.

RHONDA RHEA[1]

Las amigas brindan compañía

Ser una mujer agobiada es una experiencia solitaria. Puede que te encuentres rodeada de personas, pero parecen estar muy alejadas de ti. En ocasiones sientes que nadie te comprende ni se preocupa por ti. Aunque puede que anheles estar con amigas y contactarte con ellas, te parece una tarea agotadora.

Cuando por fin lo haces, descubres que la buena compañía es tan refrescante como caminar descalza en la playa.

La buena compañía provee una distracción de las presiones del día, te consuela de las heridas de la vida y es un escape de la soledad. Las verdaderas amigas saben cuándo deben darte espacio y cuándo deben estar cerca. Caminan contigo y están a tu lado. Las amigas se toman el tiempo para aprender cómo amarte y, como dice el conocido pasaje de 1 Corintios, te muestran un amor que se manifiesta en toda circunstancia[2] (aun en tu estado de agotamiento). A veces las amigas *ríen* contigo y otras, *lloran* contigo; pero lo que es más importante, las amigas están siempre dispuestas a *estar* contigo.

Las amigas brindan un lugar donde desahogarse

Todos los días una gran cantidad de dificultades te causan opresión. Algunas veces puedes manejarlas y otras, tienes que dejarlas ir. Hay ocasiones en que necesitas un hombro sobre el cual llorar. Otras, un oído dispuesto a escuchar tus exageraciones y desvaríos. También hay momentos en los que tienes deseos de protestar sobre las injusticias y contrariedades que abundan en el mundo. Algunas de estas quejas son importantes y otras, triviales, pero hay veces en que necesitas sacártelas del pecho.

Lo opuesto a desahogarse, que es «tragarse» las cosas, es una de las maneras más rápidas de aumentar tu estrés y convertirte en una mujer agobiada. Guardarse las cosas es cuando no tomas en cuenta tus temores y otros sentimientos negativos y los empujas tan profundo dentro de ti que ni siquiera los sientes… hasta que surgen de repente como un exabrupto o una conducta compulsiva como comer de más o incluso un serio problema de salud.

Desahogarse con una buena amiga puede salvarte la vida; pero necesitas escoger esa amiga con mucho cuidado. Puede que algunas personas no comprendan que solo te estás desahogando e intenten intervenir para resolver tu problema. Otras, no serán confiables y puede que comenten lo que les dijiste con otras personas. Quizá otras lo tomen como algo personal o exageren más allá de lo que tú te proponías.

Aunque se trate de una amiga comprensiva y confiable, es bueno avisarle que te estás desahogando. Así sabrá lo que necesitas: que te escuche con paciencia y sin juzgarte.

Un último consejo acerca de confiar en los demás en cuanto a tus problemas: aunque puede haber hombres en tu grupo de amigos, tus confidentes más cercanas deben ser mujeres. Muchas son las aventuras amorosas que comienzan porque una mujer acude a un amigo varón que parece escucharla mejor que su marido. Aunque no estés casada, si confías tus más profundos secretos a un amigo, eso creará una sensación de intimidad que envía señales equivocadas o lleva la relación a un falso comienzo. Si estás casada, desahogarte con tus amigas puede ayudarte a quitar algo de la tensión entre tú y tu marido; ¡en especial si te desahogas en cuanto a cosas relacionadas con él!

Las amigas nos piden cuentas

Seamos francos. Las mujeres agobiadas en ocasiones pueden llegar a convertirse en sus peores enemigas. Tomamos decisiones que intensifican nuestro estrés, entonces o fanfarroneamos por todo lo que hacemos o nos lamentamos por cuán atrapadas y victimizadas nos sentimos. La mitad del tiempo estamos distraídas y confundidas. Aun cuando nos comprometemos a cambiar nuestras costumbres agobiantes, retrocedemos con suma facilidad.

Cuanto más agobiada te sientes, más necesitas que los demás estén al tanto de tus pensamientos. Un buen consejero o grupo a quien rendir cuentas puede ser un bien invalorable. Y si no estás seguro de tener tiempo para encontrarte con alguien en este sentido, ¡esa es una buena señal de que necesitas hacerlo!

Ser responsable ante alguien es dar el consentimiento para que esa persona te observe y te cuestione. Es hablar a otro de lo que te agobia y dejarle saber los desafíos evidentes y los no tan evidentes que te quitan las energías. Además, es darle permiso para que te pregunte:

- ¿Cuán agobiada estás?
- ¿Qué te causa estrés y lo estás negando?
- ¿Qué es lo que más te preocupa y por qué?
- ¿Qué usas para escabullirte emocionalmente?
- ¿En qué situación respondiste que sí cuando debiste responder que no?
- ¿En qué malos hábitos incurriste esta semana?

Permitirte ser transparente y vulnerable es una maravillosa protección contra la tentación y la ingenuidad. Permites que los demás acudan en tu ayuda cuando te has metido en situaciones problemáticas. Permites que te socorran cuando caes y que te restituyan al lugar donde sabes que deberías estar.

Hay ocasiones en que necesitas tragarte el orgullo y confiar en quienes se preocupan por ti. Ellos saben que tú harías lo mismo por ellos.

Las amigas brindan aliento

Las mujeres agobiadas con frecuencia se ven atrapadas en el negativismo y la desconfianza de sí mismas. Podrán pasar por fases en las que cuestionan su competencia, su valor y su propósito. Ahí es cuando necesitan a alguien que se les acerque con un halago, un abrazo o tan solo una actitud de «confío en ti». Lo que en realidad se resume en: Cuando estés atribulada, necesitas al menos alguien que te aliente.

Cuando estás abatida y cansada, es sencillo perder las esperanzas. Las frustraciones del pasado te amenazan, el estrés presente te sobrepasa y la perspectiva del futuro te desanima. Sin embargo, con un equipo de apoyo de una o más personas con un interés genuino, es maravilloso cuanto más brillante el mundo puede lucir.

El rey Salomón lo expresa de la siguiente manera:

Más valen dos que uno,
Porque obtienen más fruto de su esfuerzo.
Si caen, el uno levanta al otro.

¡Ay del que cae y no tiene quien lo levante!
Uno solo puede ser vencido,
Pero dos pueden resistir.
¡La cuerda de tres hilos
no se rompe fácilmente![3]

El tipo correcto de amiga

Las amigas pueden ayudarte a sobrevivir en los momentos de abatimiento, de sobrecarga y de «ya he tenido suficiente». Si eres una mujer agobiada, las amigas no son un lujo sino una necesidad. Sin embargo, ¿qué haces si no tienes esa clase de amigas en tu vida?

Lo primero que tienes que hacer es ponerte de rodillas. Si no tienes esa amiga especial o grupo de apoyo, comienza a orar para que Dios te ayude a encontrarlos. (Recuerda que Dios conoce tus necesidades y se ocupará de ti, incluso en esta esfera). Puedes ayudar estando disponible para la amistad aunque eso signifique aliviar tu agenda para hacer lugar para las amigas. (Vea los capítulos 6 y 9 para tener algunas claves sobre cómo hacerlo). Busca almas gemelas en medio de tus múltiples actividades y no temas dar el primer paso. A veces lo único que hace falta es una invitación a tomar un café o un refrigerio en algún lugar agradable.

Cuando busques amigas, fíjate en personas que…

* compartan tu fe y valores
* sepan escuchar
* confíen en ti

✱ posean una actitud positiva

✱ guarden secretos

✱ te acepten a ti y tus diferencias

✱ se comuniquen con sinceridad y en forma directa

✱ dispongan de tiempo para estar a la mano

Estas son las personas que te ayudarán a salir con rapidez y en forma compasiva del estrés para luego ingresar con felicidad al resto de tu vida. Solo si lo permites.

Kelly era fabulosa en su empleo y muy respetada por sus compañeros de trabajo. Cuando la llamaron a la oficina del jefe, sinceramente esperaba que le anunciaran un ascenso. Sin embargo no fue eso lo que sucedió.

Su jefe estaba furioso con ella. Le gritó y la acusó de haberle robado a la empresa. Kelly se sintió consternada; por supuesto que se trataba de un gran error. Intentó explicarlo pero su mente se bloqueó. Un par de guardias de seguridad la escoltaron hasta fuera del edificio.

Un profundo impacto, humillación, enojo y temor fueron solo algunas de las emociones que sintió Kelly mientras conducía por la autopista. Necesitaba entender y recibir aliento, pero por sobre todas las cosas, necesitaba poder dar rienda suelta a sus sentimientos. Kelly tomó su celular y llamó a una de sus amigas íntimas para preguntarle si podía concederle una hora. Juntas viajaron un par de cuadras más hasta un sitio donde había una mina abandonada. Kelly le pidió a su amiga que la esperara en el automóvil unos minutos.

Kelly se alejó y comenzó a gritar. Con los puños cerrados y las lágrimas que le quemaban los ojos, se desahogó ante Dios en cuanto a todo su enojo y decepción. Por fin, cuando hubo sacado todo eso de adentro, Kelly se dejó caer al piso. A los cinco minutos, sintió una mano sobre el hombro. «Aquí estoy a tu lado», susurró su amiga.

Cuando Kelly sintió la amabilidad y el interés en la voz de su amiga, giró y vio que estaba llorando… por ella.

Kelly sabe que Dios siempre estará disponible, pero a veces también necesita de una amiga.

Todos necesitamos amigos. Verdaderamente los necesitamos.

Algo para que lo intentes

Elige una opción:

❋ Describe a tu mejor amiga de la escuela primaria. ¿Qué las convertía en mejores amigas y cuáles son tus recuerdos preferidos de ella? Si sabes dónde está, envíale una carta o un mensaje de correo electrónico para hablar con ella de esos pensamientos.

❋ ¿Qué es la cosa más tonta que has hecho con una amiga? ¿Y cuál la más significativa?

❋ Si todavía estás desarrollando una red de amigas, fíjate en las cinco maneras de encontrar amigas que se enumeran en el cuadro de la página 131 y escoge una idea que te parezca atractiva. Decide dar el primer paso en alguna de esas actividades en algún momento dentro de los próximos diez días.

❋ Probablemente tengas un proyecto que deseas llevar adelante (como pintar una habitación o comenzar un jardín) pero no consigues encontrar el tiempo para hacerlo. ¿Qué te parece si llamas a una amiga y le ofreces ayudarla con uno de sus proyectos si ella te ayuda con el tuyo?

12
Personas de arpillera

*Algunas personas entretejen arpillera en la trama de nuestra vida
mientras otras intercalan hilos de oro.
Ambos contribuyen a que el cuadro completo
sea hermoso y único.*

AUTOR DESCONOCIDO

Desearía (habla Steve) poder coincidir con Will Rogers cuando dijo: «Jamás me he encontrado con una persona que no me haya gustado». Sin embargo, la realidad es que yo sí las he encontrado. Me he encontrado con personas que parecieran haber sido puestas en este mundo solo para causarme irritación y estrés.

Seguro que tú también te las has encontrado. Te habrás enfrentado a conductores groseros y maleducados, a empleados hoscos. Habrás tenido jefes demandantes que te asignaban tareas imposibles o insignificantes. Puede que tengas que luchar con parientes que son hirientes o embusteros, o con amigos que son más molestos que divertidos.

Las personas difíciles no son necesariamente malas; solo te caen mal y pueden llegar a dejarte de cama. Te menosprecian, te rebajan y te sacan de quicio.

Hace algunos años, Bob Dylan finalizó una de sus canciones con la idea de que anhelaba que una persona difícil pudiera estar en sus zapatos un solo día, «así sabrás lo pesado que me es verte». No será amable ni socialmente apropiado, pero si eres completamente sincero, debes reconocer que te has sentido así alguna vez. Todos tenemos personas difíciles con las que debemos tratar con regularidad. De los que escucho la mayoría de las quejas son de los siguientes:

- *Los dominantes,* que insisten en que todo se haga a su manera. Son demandantes, tercos, y rara vez ceden.

- *Los callados,* que son calmos y retraídos. Es difícil saber qué desean o qué quieren porque no te dan suficiente información.

- *Los sabelotodos,* que son arrogantes y condescendientes; tienen la habilidad especial de hacerte sentir tonta. Creen que el mundo gira o debería girar a su alrededor.

- *Los quejosos,* que siempre tienen algo de qué rezongar o quejarse. Pareciera que disfrutan de lloriquear, pero rara vez hacen algo para cambiar la situación.

- *Los bravucones* siempre están enojados y a veces son abusadores. Pueden ser sarcásticos, enérgicos, prepotentes, amenazadores e incluso físicamente abusivos con cualquiera que se cruce en su camino.

- *Los manipuladores,* que son engañosos e indirectos en hacer que las cosas sucedan. Se aprovechan de las personas para que estas cumplan con todos sus deseos personales.

- *Los adictos,* atrapados en ciertas conductas poco saludables y que hacen todo lo posible para que sus necesidades se vean satisfechas. Están dispuestos a mentir, a estafar y a manipular con tal de conseguir su próxima dosis.

※ *Los obstructores,* que se interponen en tu camino y en tus metas. Por celos, temor o un cariño mal encauzado no desean que avances. Pueden ser sumamente agradables en apariencia, pero sus palabras y acciones están calculadas para desanimarte y detener tu progreso.

Sé sincera. Conoces a personas que son así. Viven en tu barrio, van a tu iglesia y trabajan en tu empresa. Incluso puede que estés emparentada o casada con alguien así. Hay ocasiones en que ellos en realidad *tratan* de ser personas difíciles aunque no tienen idea de que representan semejante problema. De cualquier manera, si puedes desarrollar algunas estrategias para tratar con personas difíciles, podrás reducir enormemente tu nivel de estrés. Aquí tienes algunos consejos para sobrevivir:

143

Consejo # 1: Verifica tu percepción

Cierto día en que estaba conduciendo por la calle, me encontré con un automóvil lleno de estudiantes universitarios que comenzaron a conducir pegados a mi vehículo. Aceleré pero se mantuvieron pegados a mi parachoques, tan cerca que casi me empujan. Como yo permanecí impávido ante su imprudencia, las cosas empeoraron. Me tocaron bocina, agitaron el puño y me gritaron cosas ininteligibles. Aceleré aun más, diez, veinte, veinticinco kilómetros por hora por encima de la velocidad permitida, pero seguían pegados. Entonces se me pusieron al lado y trataron de quitarme del camino.

A esta altura decidí confrontar a aquellos detestables malcriados. Me estacioné a un lado y salí del automóvil.

«¿No nos veía?», exclamó uno de los muchachos que corría hacía mí. «Estuvimos tratando de llamar su atención desde hace quince kilómetros. Algo le pasa a su automóvil. Le sale humo y pensamos que se iba a incendiar o algo».

Es impresionante lo rápido que cambió mi perspectiva. Aquellos detestables malcriados resultaron ser buenos samaritanos.

La idea es que resulta sencillo sacar conclusiones apresuradas y erróneas. Cuando tu nivel de irritación comienza a elevarse debido a una persona difícil, siempre es buena idea asegurarse de que tu percepción sea la correcta.

Consejo # 2: Analiza tu actitud

A veces tu propio estrés puede hacer que te impacientes, que estés hipersensible e intolerante. Una actitud negativa puede ser el *mayor* factor en tu problema, de manera que un análisis de tu actitud te permitirá asegurarte de que no seas *tú* la persona difícil en esa situación. Es bueno que te preguntes: *¿Es realmente difícil la persona o estoy reaccionando en forma exagerada?*

Consejo # 3: Acepta la realidad

«Lo más frustrante de los adolescentes es que actúan como adolescentes», resopló un padre enojadísimo. Pero así son las cosas. Los adolescentes actúan como tales. Las personas detestables son pesadas. Los porfiados disfrutan discutiendo. Algunas personas sencillamente se conducen de determinada manera. Podrás bajar considerablemente tu nivel de estrés si aprendes a reconocer lo inevitable. Si aprendes a discernir y a esperar estos patrones negativos, no sentirás tanto el golpe emocional.

Consejo # 4: Fíjate qué puedes aprender

¿Te has dado cuenta alguna vez que pareciera que Dios permite una y otra vez que aparezca el mismo tipo de persona difícil en tu vida? Es como si Él te dijera: «Quiero que aprendas a saber sobrellevar a esta clase de personas».

Karen tuvo un padre abusador, tuvo muchos novios abusadores y ahora tiene un jefe abusador. Con estas personas ella tiende a perder todo poder y hace todo lo posible por ganarse su aprobación. Cuanto más lo intenta, más demandantes se vuelven. Esto la hace caer de picada en el desprecio de uno mismo y la desazón. Mientras que Karen no aprenda que no tiene que tolerar la conducta abusiva y que hay algunas personas a las que no podrá agradar, seguirá atrapada en lo que los psicólogos llaman «coacción repetitiva».

Este es un patrón de conducta común en una mujer agobiada; no necesariamente el abuso, pero sí el ciclo negativo de conducta y reacción. Si te parece que encuentras personas problemáticas de un mismo tipo una y otra vez, puede que haya algo que necesitas aprender. Si puedes aprender a modificar tu reacción o tu respuesta, o tal vez identificar un tipo de conducta, podrás evitar ser arrastrada a los problemas y disfunciones de los demás. Con un poco de sabiduría y reflexión aprenderás a protegerte de las lágrimas, de las noches sin dormir y de los momentos en que te parece que te volverás loca.

Esta es una de esas situaciones en las que la perspectiva de otra persona puede ser de ayuda. Una amiga confiable y perceptiva o un profesional pueden ser capaces de ver tu situación con más objetividad y ayudarte a pensar en formas de modificar tu respuesta.

Consejo # 5: intenta comprender al otro

Las personas difíciles generalmente son difíciles por alguna razón. Si te tomas el tiempo para comprender por qué actúan de la manera en que lo hacen, tal vez no te motive a acercarte a ellas pero puede ayudarte a estar menos enojada o molesta.

Todos tienen una historia y esa historia ayuda a explicar por qué una persona actúa de determinada manera. Una persona dominante puede sentirse desbordada por sus emociones, y por eso trata de controlar su entorno. El que es callado puede tener miedo de meterse en problemas si abre la boca, y prefiere quedarse callado. El sabelotodo cree que no vale nada si no tiene todas las respuestas.

Una verdad que deseamos transmitir a nuestros hijos:
Nadie es perfecto...
todos somos imbéciles que hemos sido salvados por gracia.

KATHY PEEL

El mundo está lleno de personas heridas cuya situación condiciona su conducta. La manera en que te tratan poco tiene que ver contigo; sencillamente te has convertido en un objetivo circunstancial. Es más, la mayoría de las personas difíciles tienen poca o ninguna percepción de sus propias motivaciones y conducta. Si te recuerdas a ti misma que detrás de las actitudes desafiantes existe una persona herida, tal vez eso pueda transformar tu frustración en compasión.

Necesitas considerar una cosa más en tu intento por comprender a las personas difíciles en tu vida. Siempre existe la posibilidad de que nuestro hastío o nuestra historia nos esté haciendo ser una persona difícil en la vida de alguien. Tal vez el problema es de ella, pero puede que también sea tuyo. Como sea, si te prodigas comprensión y compasión a ti misma así como también a los demás, podrás reducir tus problemas con la gente.

Consejo # 6: Despégate y pon distancia

Cuanto más tiempo pases con una persona difícil, más agobiada y agitada te sentirás. Puedes contrarrestar esto aprendiendo a despegarte emocionalmente. Despegarse significa que no piensas, ni te preocupas ni te disgustas debido a esta persona. (Escuché a una mujer que explicaba que ella se imaginaba que estaba dentro de un frasco de vidrio cuando se encontraba con una persona difícil. Podía ver y escuchar, pero no la podían tocar ni lastimar).

Despegarse también es prestar atención a nuestros propios pensamientos y desechar todos los que le otorguen poder a la persona difícil. Ten cuidado con las siguientes frases o suposiciones:

❋ Necesito contar con su aprobación.

❋ No puedo permitir que se enoje conmigo.

❋ Debo estar de acuerdo con ella.

✳ No puedo permitirle que me hiera.

✳ Tengo que hacerle comprender.

✳ Tengo que hacerlo a su manera.

Esa clase de pensamientos no solo indican temor y ansiedad, sino que también hacen que estos aumenten. Lo más importante de todo es que son mentiras. Si permites que permanezcan inalterables, solo empeorarán el problema.

Para despegarse emocionalmente, puede que tengas que distanciarte físicamente para así poder decidir con calma y de manera racional que no te interesa pasar tiempo con esa persona. Eso incluye que escribas, envíes correos electrónicos, llames por teléfono, converses o te relaciones con esa persona solo lo indispensable y cuando es absolutamente necesario. No tienes que ser mala en cuanto a eso; no tienes que ser grosera ni chismosa acerca de la situación. Solo tomas el control de tu vida y sigue adelante.

Es evidente que en algunas situaciones tomar distancia emocional de otra persona puede ser problemático. Si la persona difícil es tu cónyuge, tu hijo o tu padre, por ejemplo, es necesario tomar en cuenta muchas otras cosas. En estas situaciones en particular, es mejor no despegarse ni distanciarse hasta no haber analizado bien las opciones con un pastor especializado, un consejero o un psicólogo.

Consejo # 7: Defiende tus límites

Establecer tus límites sencillamente significa que tú marcas tus límite, el nivel de interacción que te permitirás con la otra persona.

Un límite es el lugar donde finalizan los derechos del otro y comienzan los tuyos. Puede que necesites establecer límites físicos «No me gusta que me beses y me abraces. Deseo que no lo hagas más», límites de tiempo «No quiero que me llamen después de las nueve a menos que se trate de una emergencia» o límites emocionales «No puedo involucrarme en los problemas que tienes con tu madre. Cuando comiences con esto de nuevo, saldré de la habitación».

Establecer límites con las personas puede disminuir tu estrés de manera significativa, pero solo si los expresas de forma clara para contigo misma y para con los demás. No es momento para lanzar indirectas ni andar con sutilezas; es importante que las demás personas capten el mensaje. Necesitas ser directa y firme, como nos aconseja el apóstol Pablo, que debemos decir «la verdad con amor»[1].

149

Algunos consejos para dar a conocer los límites

- 🌟 Ve al grano
- 🌟 Sé breve
- 🌟 Deja el pasado atrás
- 🌟 Evita discutir, culpar o defender
- 🌟 Sé positiva
- 🌟 Cuida tu tono de voz

Puede serte de ayuda que una amiga o consejero repase esos límites antes para que vea si estás siendo realista y que consigues tu objetivo sin ser despiadada. Después de todo, la mejor manera de abordarlo es por lo general acercarse a la persona y decirle claramente cuáles son tus límites (ver los ejemplos en la página anterior). Si el proceso de ser tan directa te atemoriza y te sientes insegura, pide a una amiga que te acompañe. Su función no es la de actuar como árbitro ni hablar por ti sino solo estar allí como alentadora silenciosa. En determinados casos puede que prefieras escribir lo que vas a decir y enviarlo por correo electrónico o entregarlo personalmente.

Una vez que has establecido los límites, es importante hacer que se observen. Tienes que estar preparada para abandonar la habitación o para confrontar a la persona. Si esto te resultara difícil (y así es para muchas mujeres), no dudes en pedir a tus amigas o tu consejero que te apoyen. Tienes el derecho de establecer límites en tu interacción con otras personas.

Consejo # 8: Ora por la otra persona y por ti también

Al amado pastor y autor de éxito Ron Mehl le gusta decir que «la oración es el primer paso para enfrentar cualquier desafío». Y las personas difíciles por supuesto que lo presentan. Jesús incluso nos anima en forma más directa: «Oren por quienes los persiguen»[2].

La oración puede lograr mucho más de lo que nosotros podemos imaginar. Es la mayor herramienta que cualquiera de nosotros tiene para cuando las cosas van mal. Como escribió el teólogo E. M. Bounds: «La oración es la posibilidad de afectar todo lo que nos afecta». Resulta claro que las personas difíciles encuadran dentro de esa categoría.

13

El regalo
del perdón

*El que no puede perdonar al otro
destruye el puente por el que él
mismo tiene que pasar.*

GEORGE HERBERT

ucede siempre en septiembre. Cinco kilos de papas en bolsas de yute puestas en fila en el frente del aula. La cantidad de bolsas es igual a la cantidad de alumnos nuevos. La propuesta del maestro es sencilla: «Se trata de una lección objetiva acerca del perdón. Si participas, aprenderás una de las lecciones más valiosas.

»Elige una de las bolsas y llévala contigo a todas partes. Ponla junto a ti en la cama por la noche, llévala cuando viajes en autobús, cárgala sobre los hombros cuando salgas de compras… Luego de tres semanas, tira la bolsa de papas y preséntame un informe».

Todos los años los alumnos hacen tres observaciones básicas::

- Las papas son pesadas.
- Empiezan a dar olor.
- Es *fabuloso* deshacerse de ellas.

Lo mismo sucede con las ofensas, tanto las que hemos cometido como las que otros nos han hecho. Es más, no saber enfrentar estas situaciones es una de las principales razones por las que las mujeres se sienten agotadas y hartas. Cargar con la culpa o el resentimiento es muy pesado física, emocional y espiritualmente. Leí en algún lugar que 80% de los problemas de salud tienen su origen en la falta de perdón.

Todo esto sirve para explicar los resultados de un sondeo que la columnista Ann Landers realizó hace algunos años. Solicitó a sus lectores que describieran el mejor regalo que habían recibido. Llovieron las cartas. Cuando fueron clasificadas y ordenadas, el regalo ganador sorprendió a todos. Para la gran mayoría, el mayor regalo que habían recibido fue el regalo del perdón.

Cuando piensas en eso, resulta sencillo darse cuenta por qué ser perdonado puede ser un regalo maravilloso. Es el regalo del amor y de la libertad, el regalo de una segunda oportunidad. Sin embargo, en ocasiones nos olvidamos que el perdón puede ser tan beneficioso para el que lo da como para el que lo recibe. El perdón, en otras palabras, no es solo un regalo que uno le da a los demás; sino que también es un maravilloso regalo que uno se hace a sí mismo.

El perdón es como descansar la cabeza en una almohada llena de pétalos de rosa en vez de hacerlo en una almohada llena de espinas.

LOREN FISCHER

El problema, por supuesto, es que el perdón puede ser costoso. Si tus heridas son profundas o recientes, incluso la lectura de este capítulo puede ser dolorosa. Sin embargo, te rogamos que no lo pases por alto. Te sugerimos que le pidas al Espíritu Santo que obre en tu corazón mientras sigues leyendo y te conduzca con suavidad al sitio en donde puedas contemplar el perdón.

Es probable que hayas acarreado el dolor durante tanto tiempo que ni siquiera te das cuenta de cuán pesada se ha vuelto la carga. Sin que siquiera lo notes, estas heridas están minando tu energía y distrayéndote de una vida mucho más plena. Una vez que das los pasos necesarios para perdonar a alguien que te ha causado un profundo dolor o incluso para perdonarte a ti mismo por algo de lo que te arrepientes, te asombrarás por las renovadas energías que descubres. Tu visión de la vida mejorará y te levantarás todos los días con una vitalidad renovada.

La gran pregunta es, por supuesto, ¿cómo dar el regalo del perdón? No se trata de pronunciar un simple «te perdono». Uno suele desear que hubiera una fórmula sencilla de eliminar cada asunto y darlo por terminado. Sin embargo, el perdón es más un proceso que una acción de una vez y por todas. A medida que avances por dicho proceso, paso a paso, comenzarás a darte cuenta en forma gradual que algo maravilloso sucede en tu corazón y te libera. A continuación enumeramos los siete pasos que pueden ayudarte a hallar esa libertad:

Paso # 1 para el perdón: Reconoce el dolor y el enojo

Puede sonar raro, pero el primer paso para perdonar a alguien es reconocer cuán dolidos y heridos nos sentimos en realidad. En ocasiones parece que fuera más fácil hacerse uno de cuenta que el dolor no importa e intentar olvidarlo. El problema es que no puedes olvidar. Las ofensas que lastiman tu corazón se acumulan en tu memoria y evitan que experimentes la vida abundante que Dios ha planeado para ti.

Walter Wangerin (hijo) lo expresa muy bien: «Cuando el corazón está herido, los ojos se llenan de lágrimas y todo parece distorsionado»[1]. El proceso de curación y perdón debe partir de la sinceridad. No deseas minimizar lo sucedido, pero tampoco quieres exagerarlo. Piensa con sinceridad en qué medida, si la hay, tú misma contribuiste al problema. Escribir tus recuerdos y sentimientos acerca de un hecho podrá ayudarte a determinar si estás fuera de lugar. Cuando haces esto, intenta dar un paso atrás y ganar un poco de perspectiva al mismo tiempo que expresas tus sentimientos.

Paso # 2 para el perdón: Exprésalo

Si mantienes una relación con alguien que te ha lastimado, es importante que hables de esa herida con la persona que la causó. Trata de elegir el momento oportuno y un lugar privado; pero no pospongas la conversación solo porque no estén dadas las condiciones ideales. Deberás ser franca y sincera sin llegar a atacar a la otra persona. Con calma expresa tu perspectiva y tus sentimientos acerca de lo sucedido y luego invita a la otra persona a hacer lo mismo. Escucha con atención y trata de comprender sin interrumpir y evita ponerte a la defensiva. Recuerda que toda situación tiene dos lados. Ver el otro lado de las cosas puede que no reduzca el dolor, pero puede aliviar tu corazón y ayudarte a perdonar.

Si no se puede lograr o no fuera recomendable un encuentro cara a cara, puedes llegar a beneficiarte de escribir las cosas que piensas decir. Sé específica en cuanto a lo que la otra persona ha hecho y a la manera en que eso te ha afectado. Si corresponde, pide aclaraciones o plantea que te encuentras en el proceso de tratar de perdonar. Envíes o no la carta, el solo hecho de sacártelo de adentro de esta forma te hará avanzar un poco más en el camino del perdón.

Cómo hablar con alguien que te ha herido

- Comparte tu dolor y abre tu corazón a la otra persona.
- Con voz calma, explica cuánto te ha afectado esa ofensa.
- No acuses ni ataques ni insultes ni denigres ni uses el sarcasmo.
- Intercala frases positivas cada vez que puedas.
- Usa frases en primera persona como «Me siento dolida porque...»
- Evita las frases referidas al otro como «Tú eres la que me...»
- No te salgas del tema.
- Mantén el contacto visual.
- Trata de hablar acerca de tu enojo sin manifestarlo.
- Escucha el punto de vista de la otra persona.
- No interrumpas.
- Habla como si Dios te estuviera escuchando (y en verdad lo está).

Paso # 3 para el perdón:

Recuerda por qué el perdón es necesario

«Más bien, sean bondadosos y compasivos unos con otros, y per-
dónense mutuamente, *así como Dios los perdonó a ustedes en
Cristo*»[2]. La última parte de este versículo es un gran recordatorio
de *por qué* necesitas perdonar a los demás.

Lo cierto es que todos cargamos el peso de la indiferencia, el
dolor y las cosas terribles que hemos hecho y todos tenemos una
abundante necesidad de ser perdonados. Lo más maravilloso de
todo es que cuando acudimos a Dios, confesamos nuestro pecado
y pedimos perdón… Él nos perdona. La Biblia lo expresa con claridad: «Si confesamos nuestros pecados, Dios, que es fiel y justo,
nos los perdonará y nos limpiará de toda maldad»[3].

Jesús murió para pagar el precio de tus errores y anhela que
aceptes su regalo del perdón. Sin embargo, Él desea algo más.
Quiere que perdones a otros, no porque se lo merezcan ni tampoco porque perdonar sea algo bueno para ti, sino porque Él te
perdonó primero.

Aceptar el perdón de Dios y perdonar a los demás son como
dos caras de la misma moneda. Ambas son necesarias si deseas
ser la persona que Dios desea que seas y si no quieres andar cargando con la culpa y el resentimiento. Además, si Cristo te ha
dado el regalo del perdón, ¿cómo puedes negarte a ofrecérselo a
los demás?

Paso # 4 para el perdón: Elige perdonar

El perdón en esencia significa dejar de lado tu derecho a hacer pagar a los demás los errores que cometieron contra ti. Se trata de una elección, una decisión voluntaria. Es bueno reconocer que la decisión de perdonar casi siempre va antes que el *sentimiento* o el deseo de perdonar. Cuando tomas la decisión de perdonar, puede que todavía te sientas enojada o resentida. Cuando eliges perdonar, le estás pidiendo a Dios que tome tu voluntad y gradualmente opere un milagro en tu corazón. Sin embargo, lleva tiempo; no porque el perdón no resulte, sino porque tus heridas emocionales todavía necesitan tiempo para ser sanadas.

Paso # 5 para el perdón: Deja el dolor atrás

La mente es una computadora fabulosa que por lo general funciona setenta años o más sin que necesite recurrir a la garantía. Leí en algún lado que puede grabar hasta ochocientos recuerdos por segundo y almacenar los más importantes durante toda la vida. (¿Cómo lograrían los científicos determinar eso?) Eso significa que el viejo dicho de «perdonar y olvidar» no tiene demasiado sentido. No obstante, como olvidar no es un requisito previo para sanar una herida, tampoco es una parte necesaria del perdón. Lo que sí es necesario es tomar la decisión de no seguir repasando una y otra vez el caso. Cuando hemos enfrentado lo que nos sucedió podemos acabar con eso de estar reviviendo los detalles y volver una y otra vez sobre el pasado. Los recuerdos aflorarán en nuestra mente, pero podemos elegir hacerlos a un lado y concentrarnos en otras cosas.

Según Ken Sande, autor de *The Peacemaker*, dejar el dolor atrás requiere que uno se haga cuatro promesas:

* Trataré de no pensar más en lo sucedido.
* No lo traeré a colación ni lo usaré en tu contra.
* No hablaré con otros acerca de lo sucedido.
* No permitiré que esto se interponga en nuestra relación ni la entorpezca[4].

Paso # 6 para el perdón: Paciencia con el proceso

Sería fantástico que el proceso de perdón fuera algo rápido, pero con frecuencia no lo es. Algunas heridas son demasiado dolorosas para dejarlas pasar, aun cuando tengamos el profundo deseo de perdonar. Lleva tiempo poder dejar el dolor atrás y continuar avanzando. Sin embargo, a medida que los días pasan, generalmente nos damos cuenta de que el perdón ha hallado un lugar en nuestro corazón y hemos vuelto a confiar.

Este proceso se complica cuando la otra persona vuelve a causarnos daño y es prácticamente inevitable en una relación cercana como un matrimonio. En este ciclo de dolor, perdón y confianza, el perdón debe repetirse una y otra vez.

En los casos de abuso, renovar la confianza puede ser inadecuado e incluso peligroso y es de vital importancia que procures ayuda de un pastor o un profesional entrenado. Sin embargo, por lo general el ciclo es parte de las luchas cotidianas que profundizan nuestro compromiso de uno con el otro mientras pasamos por todo eso. Cuando una relación ha sido restaurada por medio del proceso de dar y recibir el perdón, incluso puede convertirse en más duradera. Es como una valiosa pieza de porcelana que se rompió accidentalmente pero que es demasiado bella para tirarla y la reparamos con todo cariño. A veces el pegamento la hace más fuerte.

Paso # 7 para el perdón: Perdónate a ti mismo

No es suficiente con perdonar a los demás. También debemos aprender a perdonarnos a nosotros mismos y a aceptar el regalo del perdón de Dios. En ocasiones este es el paso más difícil porque sentimos que los secretos que albergamos en el corazón y nos llenan de culpa son demasiado terribles para merecer el perdón. Recuerda que Dios está dispuesto a perdonarlo todo y, de hecho, ya lo ha perdonado si se lo has pedido. Él desea que sigas adelante y dejes de estar castigándote a ti misma.

Si luchas con el sentido de culpa, trata de adaptar los pasos del proceso de perdón y de aplicarlos a tu propio corazón. Reconoce que te has equivocado. Conversa con Dios y con quienes hayas herido o decepcionado. Recuerda el perdón de Dios. Elige el perdón al aceptar lo que Dios te ha ofrecido. *Trata dejar atrás el dolor* y mira hacia adelante. Y *sé paciente con el proceso* de aceptar la maravillosa realidad del perdón de Dios.

En el clásico folleto *My Heart — Christ's Home*, Robert Boyd Munger emplea el ejemplo de una casa para describir cómo entregamos nuestra vida a Cristo «habitación por habitación». Por ejemplo, menciona la sala donde desarrollamos la intimidad a través de la oración y la lectura de la Biblia, y la biblioteca que contiene las cosas que ocupan nuestra mente. La última habitación que menciona Munger es el clóset del pasillo, el sitio donde guardamos los secretos de nuestro corazón. Y es en este lugar donde hallamos la clave para perdonar a los demás y perdonarnos a nosotros mismos.:

> Un día me encontré con Cristo que me esperaba a la puerta. Tenía una mirada fascinante. Cuando entré, me dijo: «Hay un olor extraño en la casa. Parece haber algo muerto en alguna parte. Es arriba, creo que sale del clóset del pasillo». Ni bien lo dijo, supe a qué se refería…
>
> Con dedos temblorosos, le entregué la llave. La tomó, avanzó hacia la puerta, la abrió, entró, sacó todas las cosas podridas que había allí adentro y las tiró. Luego, limpió el clóset y lo pintó. Lo hizo en un instante. ¡Qué gran victoria y alivio fue haber quitado toda esa podredumbre de mi vida![5]

Para cada persona, y para todas las mujeres agobiadas, el glorioso regalo del perdón trae victoria y alivio. Son regalos que hacen cantar al corazón.

Algo para que lo intentes

Elige una opción:

* Busca los siguientes pasajes bíblicos y medita con detenimiento en lo maravillosos que son. Dibuja un corazón junto a cada pasaje... o al menos en tus preferidos.

1 Juan 1:9	Efesios 2:8–9
Salmo 103:12	1 Timoteo 1:15
Salmo 51:7	Romanos 8:38–39

* ¿Cuáles son las heridas, las ofensas o los pesares que te cuesta dejar de lado? ¿En qué sentido afecta tus sentimientos acerca de ti mismo, acerca de los demás, acerca de la vida en general y acerca de Dios?

* Repasa las cuatro promesas de Ken Sande en cuando a dejar el dolor atrás. ¿Cuáles te resultan más sencillas y cuáles más difíciles?

* Muchos tenemos esferas en la vida en las que nos sentimos inmerecedores del perdón de Dios. Escribe en una hoja aquel aspecto en el que te cuesta aceptarlo. Luego, escribe a través del papel con letras gruesas: «Perdonado para siempre». Por último, destruye el papel, quémalo o entiérralo.

14

La preocupación es una mecedora

La preocupación es como una silla mecedora.
Te da algo para hacer,
pero no te lleva a ninguna parte.

Autor desconocido

La preocupación produce un terrible agotamiento en las mujeres agobiadas. Sin embargo, son muchísimas las mujeres que no pueden evitar preocuparse por la familia, el empleo, las relaciones y las finanzas. No importa cuáles sean las circunstancias, la mayoría de nosotros podemos encontrar algo para preocuparnos.

La preocupación no es lo mismo que ocuparse de los problemas. Todos tenemos dificultades y es adecuado que nos ocupemos de resolverlas. Si no nos ocupáramos, jamás haríamos algo que mejorara nuestra vida.

Sin embargo, la preocupación por definición jamás mejora nada. La preocupación es la continua repetición de lo que ha salido mal en la vida o de lo que *podría* salir mal. Es machacar en aquello que no puedes cambiar o lamentarse de lo que uno hizo o dejó de hacer. Como un perro con su hueso, continúas royendo aquellas cosas que te causan ansiedad. Y eso es dañino porque:

🌼 *La preocupación se nutre a sí misma.* Cuanto más te preocupas, más encontrarás de qué preocuparte.

🌼 *La preocupación te paraliza* emocional, mental, espiritual y físicamente. En vez de dar los pasos necesarios para avanzar, quedas atrapado en un ciclo de objeciones y de suposiciones.

🌼 *La preocupación te roba el gozo* porque socava tu confianza en Dios y te distancia de Él.

🌼 *La preocupación daña tus relaciones,* especialmente si te lleva a estar molestando y quejándote.

🌼 *La preocupación drena tus energías.* O te acelera impulsándote a hacer cada vez más para hacer frente a las temibles posibilidades, o puede paralizarte llenándote de temor y ansiedad. De cualquier manera, absorbe las energías que podrías estar usando para resolver tus problemas.

🌼 *La preocupación te roba la paz.* ¿Cómo vas a sentirte con paz y serenidad cuando tu mente está llena de ansiedad?

🌼 *La preocupación puede llegar a enfermarte.* Se ha descubierto que la ansiedad crónica y la preocupación tienen que ver con el debilitamiento del sistema inmunológico, Las enfermedades cardiovasculares, el desequilibrio neurológico y la depresión clínica, aparte de las enfermedades directamente relacionadas con la ansiedad como los ataques de pánico.

¿Cuál es tu estilo de preocupación?

Uno de los aspectos más interesantes en cuanto a la preocupación es que cada persona parece manejarla de forma diferente. Algunas personas cultivan una actitud de «¿Quién? ¿Yo preocupada?» y se niegan a enfrentar algo que en realidad les resulta gravoso. Otros parecen absorber las preocupaciones aun cuando tratan de no hacerlo. Luego están los que tienden a convertir en catástrofe las preocupaciones: una pequeña preocupación se suma a la otra y a otra más, hasta que el tema parece no tener solución y todo se vuelve sombrío y lúgubre.

Algunos se preocupan por la noche. Durante el día están de lo más bien, pero cuando las cosas se aquietan, por lo general a última hora de la noche, las preocupaciones empiezan a embargarlos. Algunos mantienen la preocupación dentro de sí, lo que produce aumentos de la tensión y genera úlceras; mientras otros transmiten sus preocupaciones a los demás con quejas crónicas, arrebatos de ira, rezongos continuos o usando sus preocupaciones para que el otro se sienta culpable. Incluso algunos se jactan de preocuparse, y se engañan pensando que se preocupan porque son demasiado responsables.

Cualquiera sea el estilo, la preocupación causa más daño del que la mayoría de la gente cree. En *How to Stop Worrying and Start Living*, Dale Carnegie nos relata una historia sobre un árbol gigante que yace caído en la ladera de una montaña de Colorado. El árbol era un arbolillo cuando Colón llegó a América y estaba a la mitad de su crecimiento cuando los peregrinos desembarcaron en Plymouth Rock. Durante el transcurso de su larga vida se vio azotado por rayos en catorce oportunidades, resistió varias avalanchas e hizo frente a innumerables tormentas. El árbol sobrevivió a todos esos ataques. Sin embargo, al final, lo atacó un ejército de escarabajos. Estos pequeños insectos fueron comiendo y abriéndose paso en la corteza y mordida a mordida fueron destruyendo el corazón del árbol. Pronto aquel árbol gigante cayó al suelo de la selva[1].

La preocupación puede producir algo parecido. Poco a poco puede hacer que todos tus sueños y posibilidades se vengan abajo.

Sin embargo, Dios desea mucho más de ti. Cualquiera que sea tu estilo de preocuparte, Dios desea que lo abandones. Desea que le entregues todas tus preocupaciones y le permitas obrar de acuerdo a su buena y amorosa voluntad.

Jesús lo expresó en forma directa: «No se preocupen»[2]. En el Sermón del Monte, lo dijo al menos tres veces. No se trata de «una sugerencia», como señala maravillosamente Joanna Weaver, sino que «es una orden. La preocupación o la ansiedad se mencionan específicamente veinticinco veces solo en el Nuevo Testamento como algo que debemos evitar»[3].

Si eres un preocupado crónico, esto puede resultarte más sencillo de decir que de hacer. La preocupación es un hábito que puede puede ser difícil de vencer. Aquí presentamos algunas ideas que tal vez te ayuden a hacerle un cortocircuito a la preocupación y reemplazarla por paz y contentamiento.

Aniquilador de preocupaciones # 1: Intenta calmarte

Cuando te das cuenta de que has comenzado a caer en el conocido patrón de preocuparte, lo primero que puedes hacer es intentar calmarte. Respira hondo una vez y luego otra vez. Moviliza y estira suavemente los músculos de las manos, el cuello y los hombros, que probablemente estén tensos y duros. Camina un poco, sacude los brazos y continúa inspirando profundamente. Si tienes una Biblia a mano, lee Mateo 6:25-34 o un pasaje favorito que trae calma a tu corazón. Incluso puedes formularte la pregunta que mi abuela me hacía siendo pequeño: «¿Qué diferencia producirá esto de aquí a un año?».

Aniquilador de preocupaciones # 2: Ordena tus prioridades

¿Recuerdas la oración de la serenidad? Una de las razones por las que esa breve oración de Reinhold Niebuhr se cita con tanta frecuencia es que nos ayuda a recordar que hay circunstancias que podemos solucionar y otras con las que sencillamente debemos convivir, pidiéndole a Dios que por su divina gracia no sucumbamos. La preocupación no ayuda en ningún caso. Sin embargo, distinguir entre unas y otras nos puede ayudar a identificar lo que nos produce preocupación.

> *Dios, concédeme serenidad para aceptar las cosas que no puedo cambiar,*
> *valor para cambiar aquellas que puedo*
> *y sabiduría para reconocer la diferencia.*
> *Viviendo un día a la vez;*
> *disfrutando cada momento;*
> *aceptando las dificultades como la senda a la paz;*
> *tomando, como hizo Jesús, a este mundo pecador tal como es,*
> *no como quisiera que fuera.*
> *Confiando que tú harás bien todas las cosas*
> *si me someto a tu divina voluntad;*
> *para que esté razonablemente feliz en esta vida y*
> *sumamente feliz en la venidera con Él para siempre. Amén.*
>
> REINHOLD NIEBUHR[4]

Cuando por la preocupación comiences a sentir un nudo en el estómago, detente y fíjate en qué es lo que te preocupa. Te será de utilidad que escribas tus preocupaciones para poder verlas en blanco y negro. Incluso te animamos a que las comentes con una amiga de confianza. Fíjate en las exageraciones que hayan contribuido a aumentar tu preocupación. Luego pregúntate: «¿Es algo que puedo controlar? ¿Hay algo que yo pueda hacer en cuanto a este problema en este momento o en un futuro cercano?».

Aniquilador de preocupaciones # 3: Si puedes, actúa

A la escritora y oradora Donna Otto le gusta decir que no son las cosas que hacemos las que nos causan estrés sino las que *no* hacemos[5]. Puedes eliminar muchas preocupaciones si das los pasos necesarios para enfrentar lo que te está molestando. Aunque no puedas resolver el problema en forma inmediata, probablemente puedas esbozar el tema, solicitar consejo, desarrollar un plan o conseguir información para que puedas comprender mejor qué es lo que te preocupa. Si tus sentimientos de ansiedad son severos y abrumadores, es importante que consultes a un médico o a un consejero que te ayude a descubrir y resolver las causas antes de que se conviertan en algo más serio.

¿Qué sucede si descubres que realmente no hay nada que puedas hacer acerca de un tema que te preocupa? ¿Y qué si sencillamente está fuera de tu control? Algunas cosas tienes que dejarlas en las manos de Dios, sabiendo que Él es supremo sobre todo.

Aniquilador de preocupaciones # 4:
Lleva tus preocupaciones al Señor

«Depositen en él toda ansiedad, porque él cuida de ustedes»[6], nos recuerda el apóstol Pedro. Esa es en definitiva la única respuesta efectiva a la preocupación. En vez de roer el hueso de la preocupación, necesitas llevar tus ansiedades a Dios en forma deliberada y constante, para que se ocupe del asunto.

Cuando confías en Dios, nos dice apóstol Pablo, «la paz de Dios, que sobrepasa todo entendimiento, cuidará sus corazones y sus pensamientos en Cristo Jesús»[7]. Lo opuesto de la preocupación es la paz. Pablo termina diciendo que la paz de Dios «cuidará sus corazones y sus pensamientos». ¡Qué maravillosa promesa en una era de ansiedad!

Aniquilador de preocupaciones # 5: Cuando las preocupaciones regresen, trata de distraerte

Aunque decidas entregar todas tus preocupaciones al Señor, la preocupación puede ser un hábito persistente. Cuando comience a fastidiarte, es importante que le hagas un cortocircuito al proceso. Cualquier cosa que hagas para distraerte de tus pensamientos preocupantes te será de ayuda. Si estás acostada y te comienzas a preocupar, levántate, ponte a caminar o lee un libro, o saca tu diario y ponte a escribir acerca de eso que te ha estado molestando. Si has comenzado a pensar en tus preocupaciones durante el día, levántate de tu asiento, estírate, da una caminata o juega con tu perro. Algunas personas incluso llevan una bandita elástica en la muñeca y se dan un leve golpecito con ella que los haga reaccionar y dejar de preocuparse.

La preocupación no le quita pena al mañana; pero debilita las fuerzas del hoy.

CORRIE TEN BOOM

Cuando has conseguido distraerte, trata de concentrarte en otra cosa, algo que sea alentador y positivo. Dedicar tiempo a leer las Escrituras podrá ser un antídoto especialmente efectivo contra las preocupaciones porque te recuerda una y otra vez el poder de

Dios y la importancia de confiar. Conversar es también una forma útil de distraerte y, a la vez, de concentrar tu atención en otra cosa. Eso sucede porque interactuar con otras personas te saca de tu mundo interior, donde la preocupación y la ansiedad tienden a crecer. Al mantenerte en el presente, al menos momentáneamente, la interacción social puede echar fuera todas las preocupaciones acerca del pasado y del futuro.

Algunas personas descubren que incluso es útil posponer de manera consciente la preocupación persistente, circunscribiéndola a un tiempo especial de «preocuparse». En realidad separan unos diez minutos al día y dedican ese tiempo a concentrarse en todos los «qué si» que tienden a ocupar su mente. Cuando suena la alarma y se acaba el «tiempo de preocuparse», dejan las preocupaciones a un lado, sabiendo que tendrán la oportunidad de volver sobre eso más tarde. Cuando uno aprende a posponer la preocupación, en realidad está dando los pasos necesarios para abandonarla definitivamente.

Aniquilador de preocupaciones # 6:
Tonifica los músculos de la confianza

Finalmente, aprender a confiar en Dios es la respuesta a cualquier problema. No obstante, la preocupación tiende a ser un patrón de conducta persistente, por eso reemplazarlo por un hábito de confianza lleva tiempo. Es un proceso de enfrentar cada preocupación, hacer lo posible y dejar el resto en las manos de Dios, resistiéndose por supuesto la tentación de volver sobre eso. Algunas personas manifiestan que les sirve visualizar el proceso de colocar todas esas molestas preocupaciones en los fuertes brazos del Padre.

Lo bueno es que cuantas más preocupaciones entregas al Padre, más tiende a crecer tu confianza. Disfrutarás de poder seguir avanzando en vez de perder energías en la mecedora de las preocupaciones. Te acercarás más al Señor y comprenderás en forma personal que Él es suficientemente bueno y amoroso para ocuparse de cualquier cosa que le entregues en sus manos, incluso tus más espantosas preocupaciones.

La vida fuera de la mecedora

Jamás me olvidaré (habla Steve) de Patricia, una joven de veintisiete años, madre de dos niños y con un marido amoroso, un excelente empleo y un hogar precioso. Tenía una úlcera, no había conseguido dormir bien en seis meses y casi nunca sonreía. Se preocupaba por todo, y cuanto más se preocupaba, peor parecían ponerse las cosas en su vida.

Una noche, Patricia sintió que el corazón le comenzaba a latir con tal intensidad que pensó que le iría a estallar. Casi no podía respirar y sentía que todo le daba vueltas. El esposo llamó a emergencias y una ambulancia la trasladó al hospital donde un médico le dijo que esos síntomas eran causados por la ansiedad.

Al día siguiente, Patricia le rogó a Dios que le mostrara cómo apartar sus preocupaciones. Con la ayuda de su familia y de un consejero, decidió comenzar a confiar en Dios paso a paso. Aunque no fue sencillo y las cosas no cambiaron de un día para el otro, ahora Patricia se siente como una nueva persona. Sigue experimentando sus momentos de agotamiento, pero su vida está mucho mejor.

Uno puede afirmarlo solo de ver su radiante sonrisa.

Algo para que lo intentes

Elige una opción:

❋ ¿Qué cosas le preocupaban a tu familia cuando eras niña? ¿Cuáles eran las mayores preocupaciones de tu madre? ¿Acaso también tú cargas con algunas de esas mismas preocupaciones?

❋ Lee y medita en Mateo 6:25-34 que es el mensaje más largo de Jesús acerca de la preocupación. Si lo deseas, parafrasea el pasaje para aplicarlo en forma más específica a tu vida.

❋ Procura encontrar una actividad que aleje tu mente de las preocupaciones. Piensa en cosas como hacer gimnasia, leer, ocuparte del jardín o llamar a una amiga. Consulta tu agenda y busca la manera de hacer que esta actividad forme parte de tu rutina diaria.

❋ Todo hogar debe tener una cometa. Trata de conseguir una hermosa, de colores brillantes y que vuele bien. Disfruta de armarla. Luego, déjala a la vista como recordatorio. Detecta el día preciso en que haya una brisa que te permita remontarla y corre afuera para hacerlo y así dejar que tanto tu cometa como tu espíritu vuelen bien alto.

15

Cuando los sueños se hacen pedazos

Tengo un Dios que me escucha,
un Dios que está cercano.
Tengo un Dios que espera recoger mis lágrimas
con una botella en sus manos.

KIMBER ANNE ENGSTROM

Cuando respondí al teléfono (habla Alice), supe que algo andaba mal. La voz de mi amiga Jan era apenas reconocible. Luego de su saludo entrecortado, hizo una larga pausa antes de proseguir.

El esposo de Jan había llegado temprano del trabajo mientras los niños todavía estaban en el colegio y le anunció que se iba de la casa. Hacía bastante tiempo que estaba saliendo con otra mujer y, aunque la seguía amando a ella, ya no quería vivir más en su casa. Jan rogó y suplicó, pero él empacó algunas pertenencias y se fue. Todos los sueños de aquella muchacha de tener un hogar feliz se fueron por la misma puerta junto con él. Pasó más de dos horas hecha un ovillo, llorando en un rincón antes de poder llamarme.

Parecía que esa era la semana de los sueños hechos pedazos. Nuestra amiga Judy, una maravillosa mamá sin esposo, encontró drogas en la habitación de su hijo. Ese muchacho había sido elegido el jugador más valioso de su equipo de baloncesto hacía solo unas cuantas semanas. Se había sentido tan orgullosa en la cena viendo a su alto y buen mozo hijo de dieciséis años que recibía su trofeo. La desilusión de Judy era tal que apenas si podía levantarse cada mañana.

¿Qué haces cuando tu gozo se ve reemplazado por tristeza, cuando los sueños se hacen añicos y quedas con el corazón destrozado, cuando te encuentras cuestionando si Dios escucha tus oraciones o si siquiera le importan tus luchas?

Cuando la vida pega un giro inesperado y terrible, deseamos recordarte que luego del llanto de la noche, por la mañana llega la alegría[1]. Si las lágrimas se han instalado en tu corazón, es muy probable que hayan traído consigo la fatiga y el pesar. Pero el gozo volverá y con él volverá la vitalidad y la vida. Si te sientes agobiada debido a las decepciones, rogamos que este capítulo te ayude a seguir adelante en medio de la noche, esperando con expectativa el amanecer del gozo.

Hay veces en que me siento agobiada de solo pensar en los tremendos sufrimientos de mis amigos, y también cuando recibo noticias personales que me desaniman y me hunden aun más en la oscuridad. Soy lenta para lidiar con las cosas. Soy incluso más lenta cuando trato de culpar a Dios de mis decepciones. Ni siquiera quiero escuchar hablar de su divino amor, su tremendo poder, su perfecta voluntad y su perfecto calendario. Aunque esa parte de mí que está herida ansía contar con su divino consuelo, mi primera reacción es la de retraerme con un espíritu pesimista y taparme emocionalmente con una pesada manta gris que cubra mi espíritu. Sollozo y me quejo y grito palabras de enojo hasta que lo único que queda de mis lágrimas es la humedad que cubre mis mejillas enrojecidas.

A veces me toma horas y otras, semanas para darme cuenta, pero no estoy sola en mi lúgubre y sombrío lugar. Dios está allí conmigo. Él sostiene un recipiente brillante en sus manos en el que ha recogido mis lágrimas como si fueran de mucho valor[2]. La conciencia de su amorosa bondad comienza a levantar la manta gris y estoy lista para acercarme a Él, esperando el renacer del gozo en mí.

Las tristezas desesperadas así como la acumulación de pequeñas decepciones pueden desgastarnos. Pueden evitar que disfrutemos los aspectos placenteros de la vida y privarnos de la confianza en Dios.

En cierta forma, por supuesto, nosotros mismos nos exponemos a la decepción porque nos aferramos a falsas expectativas. Lo sabemos bien, pero una parte de nosotros insiste en que la vida siempre debiera ser buena: debemos siempre gozar de buena salud, los hijos nunca deben ser pródigos, los tramposos nunca deben prosperar, no deben existir los remordimientos por las decisiones tomadas. Luego, cuando llega la noche y nuestros sueños se hacen añicos a nuestro alrededor, cuestionamos a Dios, quien nunca nos prometió que todo sería maravilloso. Lo que sí prometió fue que siempre estaría con nosotros, y siempre cumple esa promesa.

Al igual que yo, muchas de ustedes tienen un corazón inclinado a acercarse a Dios, no a alejarse. Deseas dejar salir el sentimiento de hastío y volver a asirte nuevamente del gozo. Me gustaría hablarte de siete cosas que me han ayudado. Uso el acrónimo ACERCA, porque me ayuda a recordarlas: Acudir. Confiar. Eternalizar. Rendir. Ceder. Abrir.

Cómo A-C-E-R-C-Arse a Dios

Acudir a Él

Confiar en Él

Eternalizar tus pensamientos

Rendir tus expectativas

Ceder todo a Él

Abrir tu Biblia

A—Acudir

Jesús siempre invitaba a las personas a que acudieran y pasaran tiempo con Él. ¿Podrías imaginarte cuán atemorizado te sentirías si recibieras una invitación personal para hablar acerca de tus preocupaciones con el presidente de los Estados Unidos, la reina de Inglaterra o algún otro jefe de estado? Y aquí tienes ahora al Rey de reyes, al Señor de señores, al único cuyo nombre está por encima de todo nombre que te invita a pasar tiempo con Él. Jesús desea escucharte, consolarte y ayudarte. Sus palabras se relacionan con tu anhelo: «Vengan a mí todos ustedes que están cansados y agobiados, y yo les daré descanso»[3].

Cuando acudes a Él estarás comenzando a acercarte.

C—Confiar

¿En quién confías o te apoyas cuando las cosas te preocupan? La respuesta hará una gran diferencia en cuán agobiada te sientas.

Aunque mi madre experimentó una vida de mucho dolor, mostraba una paz, una gracia y una vitalidad constantes. Buscaba oportunidades para usar sus experiencias para darle esperanza centrada en Dios a los demás. Cuando atravesaba un momento especialmente difícil, recuerdo que decía: «No sé adónde me lleva el Buen Pastor, pero seguiré apoyándome en Él durante todo el trayecto».

El Señor es magnífico para apoyarse uno Él. Es fuerte y constante. Jamás te dejará ni te abandonará. Te ha llamado por tu nombre y te ha hecho suya. Cuando cruces por las aguas, Él ha prometido estar contigo[4].

> *Cuando te apoyas en Él, te estás acercando.*
> *Cuanto más débiles nos sentimos, más nos apoyamos en Dios.*
> *Y cuanto más nos apoyamos, más fuertes somos...*
>
> JONI EARECKSON TADA

E—Eternalizar

Recuerdo la época en que solía discutir mis decepciones con el pastor Loren Fischer. Él se quitaba los anteojos, los dejaba sobre su escritorio y decía: «Lo estamos viendo desde nuestro punto de vista». Luego, al abrir la Biblia, volvía a tomar los lentes deliberadamente y decía mientras se los colocaba: «Busquemos la perspectiva de Dios».

¿Qué has perdido?

> *Un hombre fue en cierta oportunidad a un pastor en busca de consejo.*
>
> *Estaba en medio de la quiebra financiera.*
>
> *—Lo he perdido todo —se lamentaba.*
>
> *—Siento mucho que haya perdido su fe.*
>
> *—No —lo corrigió el hombre—, no he perdido mi fe.*
>
> *—Bueno, me entristece saber que ha perdido su carácter.*
>
> *—No he dicho eso —volvió a corregirlo el hombre—. Sigo teniendo mi carácter.*
>
> *—Lamento que haya perdido su salvación.*
>
> *—No fue eso lo que dije —objetó el hombre—. No he perdido mi salvación.*
>
> *—Si tiene su fe, su carácter y su salvación, me parece a mí que usted no ha perdido ninguna de las cosas realmente importantes —apuntó el pastor.*
>
> MAX LUCADO

¡Qué confortable es aferrarse a lo que sabemos que es la absoluta verdad. Hay un Dios y nos ama. Aunque la vida a veces no sea del todo justa, Dios lo es. Y aun mejor que eso… ¡Él es misericordioso! Un día regresará y hará que todo lo malo se vuelva bueno.

Cuando uno observa las cosas desde la perspectiva eterna, es más fácil acercarse.

R—Rendir

Algunas veces desconfío de Dios porque no creo que Él esté haciendo las cosas a *mi* manera ni en *mis* tiempos. (¡Vaya orgullo y deseos de tener los controles!) Rendirse significa confiar en los caminos de *Dios* y en el calendario de *Dios*.

Me encanta lo que Oswald Chambers dijo en cuanto a esto: «Tu Padre celestial te lo explicará todo algún día. No puede hacerlo ahora porque está desarrollando tu carácter. "Que se olvide del carácter", dices tú. "Quiero que me responda ahora mismo". Y Él responde: "Lo que yo estoy haciendo excede en mucho lo que puedes ver o saber. Confía en mí"».

Cuando te rindes, cuando te entregas, te estás acercando aun más.

C—Ceder

Ceder significa entregarle todo a Dios. Quiere decir que hacemos un paquete con las preocupaciones, las suposiciones, las dudas, los restos de nuestros sueños hechos pedazos y se lo entregamos a Él.

Todavía me cuesta trabajo. Lo arrojo todo dentro de una maleta imaginaria y se lo llevo a Dios. Luego, una vez que desempaco cosa por cosa en oración, suelo volver a meterlo casi todo dentro de la maleta y digo cargando con ella en vez de dejárselo todo a Él. ¡No en balde estoy tan abatida!

Barbara Johnson es una talentosa oradora y escritora que utiliza su humor contagioso y profunda fe para animar a los demás. Sus libros me han ayudado muchísimo respecto de este tema. En su libro *Elástico fresco para madres estriadas*, habla acerca de permitir que tus problemas se vayan y dejar que Dios se haga cargo. Ella sugiere que te hagas una imagen mental de que colocas todo lo que hiere tu corazón en una caja de regalo envuelta con un hermoso papel y un moño. Luego, imagina que ingresas a una habitación gloriosa donde está el trono y Jesús está esperando. Colocas el paquete a sus pies y esperas mientras Él se inclina y con amor lo recoge. Cuando quita el envoltorio, sostiene tiernamente el regalo en sus brazos[6].

¡Qué imagen tan reconfortante la de Jesús que sostiene nuestros problemas en sus fuertes y amorosos brazos! Está bien que mires hacia atrás de vez en cuando para asegurarte de que Jesús sigue sosteniendo tu tristeza junto a su corazón.

Cuando cedes, cuando entregas tu regalo de tristeza y decepción a Jesucristo, te estás acercando más.

A—Abrir tu Biblia

Dios desea que su Palabra sea un oasis para tu alma. Él la ha llenado de versículos colmados de consuelo que se aplican a tu congoja.

En especial los Salmos hablan directamente a nuestras decepciones con palabras de consuelo. Lee el Salmo 23 para obtener un hermoso cuadro del cuidado personal de Dios. Recorre el Salmo 30 y encuentra una sentida compasión y un amable recordatorio de que la esperanza en Dios jamás está fuera de lugar. Los Salmos 42, 46, 57 y 91 han llevado a muchas personas a través de la oscura noche de la decepción.

Sin embargo, los Salmos no son la única fuente de consuelo bíblico. Tu propia Biblia seguramente está marcada con versículos que te son preciosos[5]. Úsalos con libertad como fuente de consuelo; en parte por eso Dios nos dio la Biblia. Usa marcadores de libros y colores para encontrarlos con facilidad. (A mí me gusta hacer anotaciones en los márgenes). Lee esos pasajes especiales en voz alta como si fueran oraciones. Incluso puedes probar insertando tu nombre para que eso te ayude a darte cuenta de que Dios te habla a ti por medio de las Escrituras.

Cuando abres la carta de amor de Dios, te estás acercando.

Siempre vamos a desear que alguien nos quiera mucho, huir de las enfermedades, disfrutar de libertad financiera, ver que nuestros planes prosperan y ver que nuestros seres queridos viven de una manera que agrada a Dios. Sin embargo, las heridas y las decepciones seguirán ocurriendo. Eso es parte del camino de la vida.

Cuando los sueños se hacen pedazos y desaparece el gozo… cuando cae la noche y las lágrimas no quieren detenerse… intenta acercarte al Señor. No solo te va a consolar sino que también te dará una corona de belleza en lugar de cenizas. Te dará aceite de alegría en lugar de luto. Te dará un traje de fiesta para tu espíritu de desaliento[7].

Y cuando llegue la mañana con su gozo, Él estará todavía allí, sosteniéndote muy cerca de su corazón.

Algo para que lo intentes

Elige una opción:

✳ Recuerda lo que alguien dijo o hizo para consolarte cuando estabas herida. ¿Cómo te sentiste y de qué manera alimentó tu alma?

✳ Escribe uno o dos versículos de los Salmos de consuelo enunciados en este capítulo (en la página 181) o de alguno de tus pasajes favoritos. Coloca tu nombre en el texto para ayudarte a recordar cuán personal es el ofrecimiento de consuelo de Dios.

✳ Relee la ilustración del paquete de regalo de Barbara Johnson y entrega todo tu pesar y dolor a Él. Trata de hacerlo ahora mismo antes de que algo te distraiga.

✳ Te sugerimos un regalo sencillo pero elegante que puedes hacer para ti, y solo te llevará un par de minutos hacerlo. Busca una cinta de regalo de al menos tres centímetros de ancho (las de terciopelo o de tapicería son muy bonitas). Recorta una de las puntas con una tijera dentada para que no se deshilache. Dobla el otro extremo y asegúralo con un par de puntadas. Cose unas cuentas o un dije en ese extremo para darle peso al marcador de libros y añadir un toque de belleza[8].

16

Comienza bien
el día

*Siempre pensé que el momento
de levantarse por la mañana
es el más hermoso de las veinticuatro horas del día.
No importa cuán cansado y aburrido te sientas,
tienes la certeza de que...
absolutamente cualquier cosa puede suceder.*

MONICA BALDWIN

¿Cómo son las mañanas en tu casa? Si eres como la mayoría de las mujeres, comienzas el día con el sonido de una alarma de reloj y una actividad frenética. Te llenas las venas de cafeína, buscas algo limpio para ponerte, apuras a tus hijos para que se preparen y le recuerdas a tu marido algo que debe hacer durante el día. ¿Son las peleas familiares parte de tu ritual matinal? ¿Acaso están la TV o la radio puestas a todo volumen? ¿O te sientes tan grogui por la mañana que te encuentras en tu primera cita del día sin siquiera imaginar cómo te las arreglaste para llegar hasta allí?

Lo que sucede por las mañanas es importante, porque la manera en que inicias cada mañana prepara el escenario para el resto del día. Prepara tu energía, tu actitud y tu humor para todo lo que sigue. Si tu mañana no comienza bien, el resto del día empeora. Sin embargo, una mañana bien coordinada puede poner una melodía positiva que te acompañe en el más difícil y agotador de los días.

La forma en que las distintas personas enfrentan las mañanas es en parte un tema que tiene que ver con el ritmo corporal de cada uno. Algunas personas se levantan naturalmente con más energía que otras. No obstante, prácticamente todos podemos hacer que las mañanas y la vida mejoren si reconocemos y aplicamos siete sencillas sugerencias.

Define una rutina positiva

Las rutinas pueden aliviar mucho estrés al quitar la necesidad de tomar decisiones o resolver problemas cuando todavía no estás del todo despierta. Si no eres «mañanera», puede que te resulte especialmente positivo establecer rutinas que te permitan funcionar durante la primera media hora del día en piloto automático. No obstante, aunque seas la clase de persona que se levanta completamente alerta y lista para enfrentar la mañana, una rutina saludable puede ser una fuente de placer, libertad e incluso de energía extra para el día que tienes por delante.

Es probable que, por supuesto, ya tengas una rutina si se le puede llamar así. La pregunta es si se trata de una rutina saludable que te resulta de utilidad. Si todas las mañanas sales de la cama para entrar a la ducha, tragas una o dos tazas de café mientras escuchas las noticias y supervisas el desayuno, pones a lavar la ropa sucia para luego vestirte y después maquillarte ya en el automóvil puede que estés profundizando en tu agotamiento un poco más cada mañana.

Si las mañanas son una fuente de estrés para ti, te sugerimos que dediques un minuto a analizar tu rutina matinal (o la ausencia de la misma). ¿Qué harías para reducir tu nivel de estrés y comenzar tus mañanas de manera más positiva? Realizar aunque sea un cambio positivo en tu rutina matinal puede llegar a producir una diferencia impresionante.

Comienza tu mañana la noche anterior

Una de las rutinas que más te ayudará es comenzar a prepararte para la mañana en la noche anterior. Todo lo que hagas antes de irte a dormir es algo menos que debes recordar a la mañana.

Si eres noctámbula y necesitas al menos media hora luego de salir de la cama para «calentar los motores» de tu mente y tu cuerpo, prepararte la noche anterior es algo especialmente importante. Sin embargo, aun los mañaneros pueden beneficiarse de esta preparación anticipada. Algunas ideas que puedes llevar a la práctica:

* *Decide qué ropa habrás de ponerte,* asegúrate de que esté limpia y déjala separada junto con los accesorios que necesitarás.

* *Pon el reloj despertador* para que te despierte de la manera más positiva. Para muchas personas la música es menos agresiva que un zumbido que taladra los oídos. Incluso puedes adquirir un reloj despertador que te despierta haciendo que aumente gradualmente la luz en la habitación. Piensa de antemano en lo que te gustaría hacer cuando te levantes y haz la previsión

de tiempo necesaria para que puedas hacerlo sin perder la calma. Una mañana relajada bien vale treinta minutos menos de sueño.

🌟 *Programa la cafetera* para que comience a funcionar media hora antes de que te levantes. Incluso puedes dejar puesta la mesa para el desayuno.

🌟 *Decide ir a la cama* y apagar las luces siempre a la misma hora y suficientemente temprano para asegurarte una cantidad de descanso saludable.

Si te sientes tan agotada que caes rendida antes de siquiera comenzar a preparar todas estas cosas, intenta hacerlas después de la cena. Conviértelas en una parte de tu rutina de limpieza luego de cenar (lavar los platos, guardarlos, preparar la ropa para el día siguiente y colocar la alarma). Así no tendrás que recordarlo más tarde y tendrás ventaja sobre el nuevo día.

Cada día trae sus propios regalos.
Desata los moños.

RUTH ANN SCHABACKER

Empieza el día mucho mejor

C. S. Lewis escribió: «En el preciso momento en que te despiertas cada mañana ... todos los deseos y las esperanzas para el día acuden a ti como animales salvajes. Y la primera tarea de cada día consiste en empujarlos para atrás, en escuchar a esa vocecita, en tomar en cuenta aquel otro punto de vista y permitir que aquella otra vida más grande, más fuerte y más tranquila pueda fluir con libertad»[1].

Si puedes aprender a hacer esto y de manera consciente colocas tu día en las manos de Dios aun antes de encontrarte con el mundo, tendrás un buen comienzo cada día.

En vez de entregarte al ruido, a la actividad frenética y al terror que te ataca aun antes de salir de la cama, dedica un momento a permitir que la paz «que sobrepasa todo entendimiento» te envuelva y te llene. Esto te recuerda quién está en control de todo y que existe un propósito en la más difícil, desconcertante e injusta de las situaciones. Cuando sabes que estás en la palma de la mano de Dios, todo parece estar bien, e incluso en la más oscura de las mañanas confías en que ha salido el sol.

Con este concepto en la mente, te sugerimos que programes la alarma de tu reloj un poco antes de lo acostumbrado para que puedas empezar el día mucho mejor. Si puedes, despiértate con música. Programa el reloj despertador en ese modo y deja que la música siga durante un buen rato para que fomente tu actitud matinal positiva. Antes de abandonar la cama, estírate e inspira profundamente para despertar tu cuerpo. Para despertar tu espíritu, agradece a Dios por tres bendiciones. Para despertar tu mente y dirigirla en una dirección positiva, trata de pensar en una o dos cosas que piensas hacer en el día.

Una joven que conozco (habla Steve) llevó este concepto de comenzar bien el día mucho más allá. Como quería realmente empezarlo bien, se compró una caja de sus trufas de chocolate preferidas. Todas las noches, antes de acostarse, deja una sobre la mesita de noche y le dice: «Hasta mañana». Lo primero que hace al día siguiente, es comerse la trufa. Me contó que era su manera de asegurarse de que todas las mañanas fueran dulces.

Energiza tu cuerpo

Tu cuerpo está diseñado para responder a la luz, así que es probable que te despiertes con mayor facilidad si abres las cortinas y levantas las persianas. Si afuera está todavía oscuro, enciende las luces, muchas luces. (Si compartes el dormitorio con otra persona que duerme hasta más tarde, por supuesto que tendrás que ir a otro cuarto para hacer esto).

Si necesitas cafeína para poder funcionar, llena una taza de café y saboréala. Si en realidad deseas iniciar un hábito saludable, bebe primero un vaso de agua para recuperar los fluidos perdidos durante la noche. Luego, pon en el equipo de música un CD con buen ritmo, energizante, algo que te guste. Para hacer que la sangre comience a circular más aprisa, haz un par de estiramientos más y luego un poco de ejercicio aeróbico como danzar, saltar, correr en el lugar... cualquier cosa que te haga mover el cuerpo. Tan solo cinco minutos de movimiento te ayudarán a comenzar tu día con más energía.

La decisión de hacer más gimnasia por la mañana dependerá de tu agenda y de tu reloj interior. Muchas personas han notado que hacer ejercicio físico por la mañana —correr o dar una caminata, unas brazadas en la piscina o una clase en el gimnasio— los despabila, estimula su metabolismo y disminuye las posibilidades de que se salten su rutina de ejercicios. Algunos me han comentado que prefieren hacer gimnasia temprano, antes de estar completamente despiertos y darse verdadera cuenta de lo que están haciendo.

Ingiere la comida principal del día

Seguramente ya lo has escuchado con anterioridad: «El desayuno es la comida más importante del día». Esto será especialmente cierto si eres una mujer agobiada. Tu cuerpo ha estado privado de alimentos durante la noche y necesita combustible para poder resistir un día muy ajetreado.

Podrás obtener una cuota extra de energía si haces que esta comida sea simple pero especial, un banquete para el cuerpo y el espíritu. Si puedes, desayuna en tu habitación preferida de la casa con tu vajilla favorita. Como mínimo, siéntate en vez de desayunar parada junto al mostrador de la cocina. Sírvete un vaso del más delicioso jugo de frutas y bébelo a sorbos como si del mejor champagne se tratara, disfrutando de la fragancia y del color brillante. Busca la forma de incluir proteínas para equilibrar los niveles de azúcar en la sangre y lleva contigo algo que te permita mantener ese equilibrio durante toda la mañana (quizá un puñado de almendras o una cucharada de mantequilla de maní). Disfruta de alimentos frescos cada vez que puedas.

Dale placer a tus sentidos

Disfrutar del desayuno es tan solo una manera de hacer más luminoso tu día. Es bueno también darle un poco de placer a tus sentidos con una dosis de belleza. Si te duchas por la mañana, usa un champú y jabón aromatizados. Invierte en una ducha que te brinde el tipo de rociado y la presión de agua que te agraden y dedícate a disfrutar esa sensación. (Si lo deseas, puedes cantar bajo la ducha). Si de todas maneras vas a ducharte, ¿por qué no hacer de eso algo placentero?

Hagas lo que hagas, dedica un momento para abrir la ventana o salir a la terraza para ver cómo está el tiempo y disfrutar de la estación del año en la que estás. Dedica unos minutos a empaparte en la belleza de la creación de Dios para que se abran bien tus sentidos. Recordar el maravilloso mundo que te rodea puede darte una nota de gratitud y de paz para todo el día.

Gloria en la mañana

Son las 5:30 de la mañana y el día golpea a las oscuras
puertas de la noche.
Me siento en la mecedora debajo de una oscura sombrilla
verde
de hojas de arce que cubren en forma maternal el techo de la
terraza.
Y espero el sol...
Las cortinas de la noche se corren en silencio,
y el sol surge alegremente por encima de la bruma azulada
de las colinas distantes,
dándole una tonalidad verde y sepia a la tierra.
Es la mañana... ¡y es gloriosa!

LINDA ANDERSEN[2]

194

Date un incentivo

Aun en la mañana más agitada, tal vez podrías utilizar un incentivo extra que mejore tu actitud, aumente tu energía y le dé a tu día un comienzo positivo. A continuación hallarás varias ideas que casi no te insumirán tiempo extra. Elige una o dos, o piensa en otras ideas que sean de tu agrado:

✳ Leer un devocional de una página.

✳ Dar vuelta la hoja de un calendario con pensamientos de inspiración y de veras pensar en lo leído.

✳ Releer un poema favorito.

✳ Pedirle a uno de tus hijos que te cuente un chiste.

✳ Enumerar tres cosas que te gusten de ti.

✳ Darle a tu marido un beso de despedida largo y profundo.

✳ Dedicar cinco minutos a jugar con tu perro o tu gato.

✳ Buscar una tarjeta o nota de alguien a quien aprecies y releerla.

✳ Leer tu historieta preferida del periódico.

✳ Dedicar cinco minutos a escribir una rápida nota de agradecimiento o una tarjeta y enviarla por correo.

195

No importa qué más elijas hacer, aunque decidas tener tu tiempo devocional más tarde, dedica un momento para hacer una breve oración antes de que comience tu día. Entrega ese día al Señor. Agradécele por sus bendiciones. Pídele que te muestre su divina voluntad para ese día y que te proteja.

Una estrategia para encuadrar tu día

Es posible que mientras te fijas en las sugerencias de este capítulo agites las manos con impotencia o te rías disimuladamente. Esa rutina matinal tan llena de paz y generadora de energía puede parecerte inalcanzable. Sin embargo, te animamos a que al menos intentes algunas de las sugerencias que damos en el presente capítulo y observes la diferencia que esos pocos minutos pueden producir.

Quizás te sirva pensar en tu día como si de un rompecabezas se tratara: muchas piezas, muchas formas, muchos colores. Cada mañana despliegas las piezas y la tarea parece ser abrumadora. Sin embargo, si desarrollas una estrategia, las cosas comenzarán a funcionar. Desarrollar una rutina útil y positiva es un poco como unir las piezas de los bordes para construir un marco alrededor del rompecabezas. Una vez que haces eso, el resto de las piezas se acomoda con facilidad.

Comienza bien el día desde la mañana y tendrás el mejor marco para un bello día.

Algo para que lo intentes

Elige una opción:

❋ Trata de cambiar al menos un elemento de tu rutina
matinal y de mantener ese cambio durante varias
semanas. Puede ser adelantar quince minutos la alarma
del reloj despertador para comenzar mejor el día o
disfrutar de un nuevo CD que contenga música vivaz
que sirva de inspiración.

❋ Planifica cinco desayunos saludables. Leslie Sansone,
experta en salud y redactora que contribuye con la
revista *Woman's Day*, recomienda que un desayuno
saludable que te llena de energía debe incluir carbohi-
dratos, proteínas y grasas en ciertos porcentajes. Una
de las opciones que sugiere es una cucharada de mantequilla de maní sobre un pan integral más una fruta[3].

❋ El próximo fin de semana prepara una canasta de picnic
con un desayuno y «secuestra» a una amiga, a tu
esposo, a tus hijos o a tus padres para que juntos
vayan a ver la salida del sol. (El elemento sorpresa
hace su aporte al festejo). Expresa tu alabanza y gratitud hacia el Señor mientras admiras la belleza de su
creación[4].

17

Un sueño profundo

Un sueño dorado besa tus ojos,
las sonrisas te despiertan cuando te levantes,
duerme, querido, no llores
que te cantaré una canción de cuna.

THOMAS DEKKER, ADAPTADO

¿Estás cansada, agobiada, abatida? Te damos una idea revolucionaria: ¡duerme!

Los investigadores estiman que dos tercios de los norteamericanos no duermen lo suficiente. En esta sociedad, que te respeta y recompensa por cuánto haces, puede llegar a ser demasiado tentador acostarse tarde para terminar una tarea más y luego levantarse temprano para comenzar el nuevo día. El problema es que por lo general uno termina pagando las consecuencias en términos de cansancio y estrés.

Nuestro veloz ritmo de vida de veinticuatro horas para hacer cada vez más y más cosas parece ver el sueño como algo optativo. Sin embargo, nada más alejado de la verdad. Los norteamericanos tienden a fanfarronear acerca de su capacidad de «funcionar» con solo unas pocas horas de sueño, pero si estás convencida de que estás bien con solo cuatro o cinco horas de descanso (y a veces menos), piénsalo dos veces. Hay estudios que dicen que las personas faltas de sueño son más propensas a la depresión y a sufrir problemas de salud, incluso diabetes. Son más propensas a perder el control emocional y es mucho más probable que tengan accidentes.

Tu cuerpo y tu mente pueden funcionar solo un tiempo sin el descanso adecuado. ¿Cómo puedes asegurarte de que descansas lo suficiente? Tus respuestas a los siguientes interrogantes te ayudarán a orientarte en la dirección correcta y a protegerte del agotamiento, del estrés y la fatiga.

¿Cuánto duermes?

Dormir es una de las necesidades físicas diarias más importantes, más aun que la comida o el ejercicio. El alimento es importante, pero puedes sobrevivir entre treinta y cincuenta días sin comer. El ejercicio también es importante, pero hay personas que viven años sin realizar actividad física alguna. Si pasas más de treinta y seis horas sin dormir, perderás la concentración y comenzarás a estar inestable emocionalmente.

Dormir repone las energías del cuerpo, calma las ansiedades, refresca tu actitud e incrementa tu creatividad. Acomodar tu horario para conseguir al menos siete horas de descanso por noche es una de las mejores maneras de combatir el cansancio.

—No tengo tanto tiempo para desperdiciar durmiendo —me dijo Linda (habla Steve)—. Tengo dos hijos pequeños y trabajo todo el día. A la noche, tengo demasiadas cosas para hacer en casa. Algo tengo que dejar y por lo general es mi descanso.

—Pero no puedes engañar al sueño —le dije—. No descansar lo suficiente te va a causar más daño del que crees. Te mereces descansar y, lo que es más importante, no podrás funcionar bien si no descansas.

—Lo sé —reconoció ella—. Estoy tan agotada… Hay días en los que ni siquiera logro concentrarme, pero no sé qué hacer.

Puede que te sientas identificada con el dilema de Linda. Tal vez reconoces la importancia de dormir bien, pero te parece que no hay nada que puedas hacer porque estás demasiado ocupada. Si tus ocupaciones son tantas durante demasiado tiempo, nos preocupas. No estás diseñada para funcionar durante largos períodos sin descanso. Si tus actividades son las que no te permiten descansar lo necesario, reconsidera lo que has incluido en tu día. Quizá sea el momento de determinar tus prioridades y eliminar algo de tu lista de cosas para hacer.

Sin embargo, puede que haya épocas cuando las legítimas demandas de la vida te impidan dormir todo lo que deseas o tan bien como quisieras. El nacimiento de un bebé, una emergencia familiar o un proyecto verdaderamente importante puede que te obliguen a descansar menos por un tiempo. Tu cuerpo se acostumbrará a periódicas faltas de sueño y podrás hacerlo por cierto período. Sin embargo, si la falta de sueño se vuelve crónica, tu cuerpo y tu espíritu pagarán las consecuencias. Y la ironía es que la mayoría de las actividades que podrías llegar a posponer por dedicar tiempo a dormir bien una noche, podrías hacerlas en otro momento con mayor efectividad y concentración.

¿Duermes bien?

Si alguna vez has pasado una noche dando vueltas en la cama o levantándote a cada rato, sabrás que dormir *bien* es tan importante como *cuánto* duermes. Cuando no te levantas renovada, se debe a una o más de las siguientes razones:

🌟 *Ruidos molestos:* perros que ladran, compañeros que roncan y una llave odiosa que gotea pueden llegar a volverte loca. Para cubrir los ruidos externos, puedes conseguir uno de esos CD con música relajante o sonidos de olas del mar, el suave zumbido de un aire acondicionado o tapones para los oídos. De ser necesario, ve a dormir a otra habitación o sugiérele a tu cónyuge que pruebe con unas de esas presillas para la nariz que ayudan a respirar.

🌟 *Incomodidad física:* si no te relajas físicamente, no podrás dormirte. Analiza qué factores ambientales son los que te mantienen despierta. Intenta modificar la temperatura de la habitación, mantener una ventana abierta para ventilar, cambiar las sábanas por otras más suaves e incluso prueba a reemplazar el colchón o las almohadas.

🌟 *Asuntos clínicos:* Durante el día tal vez estás tan ocupada y concentrada que el dolor físico puede llegar a pasarse por alto. Sin embargo, a la noche tu dolor se hace más evidente y sientes más dolor. Además, los cambios hormonales pueden llevarte a tener pautas de sueño alteradas. Si este fuera tu problema, coméntalo con tu médico de cabecera y pídele que te recete algún medicamento contra el dolor u otro tratamiento.

🌟 *Temores y ansiedades.* A la noche, cuando todo está en calma, tu mente puede sentirse abrumada por lo que podría o no podría suceder. Si puedes, trata de distraerte con pensamientos positivos. Inspira profundo, ora y conscientemente lleva tus preocupaciones a Dios, y quizá así te venza el sueño. Incluso puedes releer el capítulo 14 sobre la preocupación.

Un cristiano preocupado permanece despierto una noche.
Preocupado, trata de arreglar el mundo.
Entonces escucha que el Señor le dice con amabilidad:
«Puedes irte a dormir, yo me ocupo de eso».

RUTH BELL GRAHAM[1]

Cualquiera sea el problema, si te despiertas en medio de la noche y no logras conciliar el sueño en menos de quince minutos, algo debes hacer. Cuanto más tiempo permanezcas acostada y despierta, más frustrada te sentirás lo que a su vez hará que te resulte más difícil conciliar el sueño. Muchas personas descubrieron que las siguientes estrategias les ayudaron a sobrellevar los momentos en que se despertaban en medio de la noche:

* Levantarse, pero dejar las luces tenues. (La luz brillante tiende a hacernos permanecer despiertos).
* Bebe una taza de té de hierbas (sin cafeína), agua caliente con limón o leche tibia.
* Lee un libro relajante que no provoque mayor estímulo, que induzca a la calma y que cite pasajes consoladores de la Biblia.
* Si los problemas y las preocupaciones te mantienen despierta, escríbelos en un cuaderno o diario. A propósito déjalos en otro cuarto cuando regreses a la cama.
* Ora.
* Luego de quince minutos, regresa a la cama.

La mayoría de las veces, una o más de estas ideas te ayudarán a conciliar el sueño. Si no lo concilias, levántate y repite el proceso, pero esta vez permanece levantada media hora. Si has probado esto y sigues agitada, dando vueltas en la cama más de tres noches seguidas, habla con tu médico para que te recete otra medicación.

¿Cómo te preparas para irte a dormir?

Lo que haces cuando estás despierta, en especial durante la tarde, puede tener un efecto importante en la cantidad y la calidad de tu descanso. Por esa razón, lo que tienes en la mente cuando te vas a la cama tiende a ser procesado durante la noche. Si tienes una preocupación, la repasas. Si se trata de un problema, intentas resolverlo. Si tienes algún temor, te preocupas.

A veces poder dormirse parece imposible. Yaces acostada agobiada, exhausta y anhelando un descanso; pero tu mente corre a toda velocidad. Miras el reloj cada diez minutos, cuentas ovejas hasta volverte loca y planificas las comidas de todo un año. Cuanto más tiempo pasa sin que logres conciliar el sueño, más frustrada te sientes. Mientras mayor es tu frustración, más adrenalina corre por tu cuerpo haciendo que el sueño se aleje aun más de ti.

Desconozco si el apóstol Pablo pensaba en el descanso cuando escribió «No se ponga el sol sobre vuestro enojo»[2]; pero el consejo bien puede ayudar. Persistir en el enojo, la frustración y los conflictos puede quitar el sueño o hacer que este sea entrecortado o difícil. Puedes mejorar tu descanso en gran medida si resuelves esos conflictos dos o tres horas antes de apoyar la cabeza en la almohada, o si al menos planeas resolverlos al día siguiente.

Lo mismo sucede en cuanto a la resolución de problemas complicados, al procesamiento de recuerdos dolorosos o al hacer frente a los temores. Es mejor que esto se haga con amigos confiables durante el día. La noche es el momento para aquietar la mente y el cuerpo. Enumerar los problemas causa exactamente lo contrario: agita tu mente en vez de relajarla. Si no puedes llevar a cabo estas tareas durante el día o en las primeras horas de la noche, postérgalas intencionalmente para el día siguiente. (Algunas de las estrategias para dejar de preocuparse que se encuentran en el capítulo 14 te pueden ayudar a hacerlo).

Una hora antes de ir a la cama

- ✺ Evita las bebidas con cafeína.
- ✺ Bebe algún tipo de té para dormir.
- ✺ No veas el noticiario ni dramas emocionantes en la TV.
- ✺ Escucha música suave.
- ✺ Evita realizar ejercicios enérgicos.
- ✺ Toma un baño de inmersión.
- ✺ Lee algo que te calme y te reconforte.
- ✺ Deja de trabajar en proyectos muy activos.
- ✺ Ponte ropa cómoda.
- ✺ Baja un poco las luces.
- ✺ Ora.

Sea antes de ir a dormir o cuando te despiertas en medio de la noche, la oración puede ayudarte a calmar tu espíritu y relajar tu cuerpo. Hay algo relajante y tranquilizador en saber que Dios comprende todos tus desafíos y tus luchas. El rey David escribió lo siguiente:

> En mi lecho me acuerdo de ti;
>> Pienso en ti toda la noche.
> A la sombra de tus alas cantaré,
>> Porque tú eres mi ayuda.
> Mi alma se aferra a ti;
>> Tu mano derecha me sostiene[3].

Sabiendo que Dios está en control de todo, puedes descansar verdaderamente y, como lo expresa el autor de Proverbios, «te acostarás y dormirás tranquilo»[4].

¡Duerme bien!

Los padres saben cuán importante es el descanso para sus hijos. Cuando son bebés, los padres los acunan para que se duerman. Cuando son un poquito más grandes, les cantan canciones de cuna o les compran un CD para dormir. Cuando están en la escuela primaria, cumplen con toda clase de rituales, desde leerles su libro favorito hasta fijarse de que no haya un monstruo debajo de la cama o repetir oraciones de por las noches… que son cosas para que se calmen y concilien el sueño. Incluso cuando ya son adolescentes, los padres imponen toques de queda y un horario para ir a la cama para ayudar a que sus hijos tengan el descanso suficiente.

Los padres reconocen que sin el descanso adecuado, sus hijos no tendrán un buen día. Este sabio principio tiene la misma importancia para los adultos que para los niños. Cuando yo era niño (habla Steve), mi madre solía arroparme en la cama todas las noches y luego me decía con voz suave: «Que duermas bien». Con estas tres palabras, yo sabía que todo estaba bien y que podía cerrar los ojos y olvidar todos los cuidados y las preocupaciones del día.

Esta noche, trata de ocuparte de ti con el mismo cariño. Deslízate en la cama y encuentra esa postura que te agrada, echa fuera todas las preocupaciones del día y cierra los ojos. (Incluso puedes colocar un CD que toque una canción de cuna). Recuerda que tu Padre celestial está observando y que, según las palabras del salmista, «jamás duerme ni se adormece»[5].

Luego, cuando empieces a quedarte dormida, imagina un suave abrazo y un susurro tenue que expresa con dulzura las siguientes palabras: «Que duermas bien».

Algo para que lo intentes

Elige una opción:

✻ Si generalmente miras televisión a la hora de dormirte, prueba apagándola un poco más temprano y escuchando una música suave. Trata de hacerlo al menos cinco noches seguidas y comprueba si eso te ayuda a dormirte más tranquila.

✻ Cuando te asalten las preocupaciones a la noche, prueba a cantar «Cristo me ama» mentalmente. Mientras lo haces, imagina que Él te acuna en sus brazos.

✻ Trata de que tu dormitorio sea un lugar acogedor y relajante. Fíjate si hay formas de despejarlo. Acude a un negocio de accesorios para dormitorios y consigue un lindo cubrecama o una almohada nueva.

✻ Consigue el aceite esencial que prefieras (vainilla, durazno y rosas van bien para esto) y rocíalos en las bombillas del dormitorio y en las luces de los veladores. La habitación se inundará de una agradable fragancia cuando las luces calienten el aceite. Puedes adquirir fragancias compradas pero hacerlas tú misma resultará más divertido.

18

Tanta belleza

*No pregunto el significado
del canto de un ave
ni de la salida del sol en una mañana neblinosa.
Allí están y son maravillosos.*

PETE HAMILL

i esposa Tami estuvo en casa hasta hacía unos pocos minutos, pero parecía haber desaparecido. Nuestros hijos buscaron en todas las habitaciones y por último, el menor salió afuera y gritó a voz en cuello: «MAMAAÁ».

«Aquí estoy», contestó Tami saliendo de entre los girasoles y las calas de su jardín.

No nos sorprende encontrarla allí. Cada vez que Tami se siente agobiada, abrumada o cuando necesita un poco de aire fresco, se refugia en la belleza de nuestro jardín. Ella dice que unos cuantos minutos rodeada de plantas, flores y árboles le dan el empujoncito que necesita para poder continuar durante el resto del día.

La belleza es un antídoto absolutamente confiable para el estrés y el agotamiento. Lo decimos en serio.

Hay muchas cosas feas y sin gracia en la vida. Sin embargo, también estamos rodeados de belleza, mucha de la cual nos pasa inadvertida porque estamos tan ocupados luchando por ir del punto A al punto B.

Casi todas las semanas sucede algo curioso, alguien que ha estado varias veces en mi oficina (habla Steve) mira los cuadros que hay sobre las paredes y comenta algo como: «¿Cuándo compró estas láminas nuevas? Son muy lindas». Trato de responder de manera amable, pero lo cierto es que esas «láminas nuevas» han estado allí durante más o menos diez años. La mayoría de nosotros no puede ver las cosas buenas, lindas y pacíficas que nos rodean.

Necesitamos la belleza para poder sobreponernos a las dificultades y la monotonía de la existencia cotidiana. Si se lo permitimos, la belleza nos tocará el alma y nos elevará el espíritu, ayudándonos a sentirnos más positivos y menos exhaustos.

Jesús dijo: «Busquen y encontrarán»[1]. Esto es así respecto de muchas cosas, incluso la belleza. Si no la buscas, puede que no la encuentres; aunque la tienes a tu alrededor. Sin embargo, cuando buscas es asombroso cuánta más puedes encontrar. De repente, la vida no parece tan aburrida o difícil como pensabas.

Jen no tenía idea de lo que se estaba perdiendo hasta que tomó clases de la ceremonia del té japonés. El curso se dictaba en un tranquilo jardín y una de sus primeras tareas era concentrarse, realmente concentrarse, en un antiguo árbol retorcido. Debía fijarse en la forma y el tamaño, seguir su contorno y percibir la simetría; analizar el tronco, las ramas y las hojas; prestar atención a la textura y el color de cada una de sus partes, fijándose en las diversas sombras y tonalidades.

«Creí que sería lo más aburrido que jamás había hecho», me comentó Jane más tarde. En mi vida había visto miles de árboles, y un árbol es un árbol. Sin embargo, a los cinco minutos comencé a ver toda clase de detalles que nunca antes había notado».

Para que podamos apreciar la belleza, tenemos que verla, como lo expresa el antiguo proverbio inglés: «Muchos son los que miran y muy pocos los que ven». Abrir los ojos a las cosas hermosas que te rodean es una manera práctica de reducir tu cansancio. Trata de mirar con el espíritu y permite que la belleza toque tu corazón. Absórbela y permite que alivie tu tensión. Deja que te calme y que suavice las aristas de tu vida. La belleza trae paz y placer. Cuanto más la disfrutes, menos agobiada te sentirás.

La belleza de lo natural

La naturaleza tiene un ritmo distinto que te atrae. Mientras escribo esto, puedo observar las gigantescas olas que rompen contra las escarpadas rocas de la costa de Oregón. A la distancia, las ballenas se arquean y expulsan chorros de vapor con una gracia que no condice con su tamaño. El rugido constante resulta en cierta forma tranquilizador, y el poder y el esplendor de la escena me cautiva. Podría quedarme sentado aquí todo el día.

> Uno no puede coleccionar todos los bellos caracoles que hay en la playa.
> Uno puede recoger unos pocos y son aun más bellos si son pocos.
>
> ANNE MORROW LINDBERGH[2]

Soy una persona amante de la playa (habla Steve). A algunos les encanta el desierto mientras que a otros les gustan los bosques. Tengo un amigo que disfruta de la alta montaña con su soledad helada y las magníficas vistas. Otro amigo disfruta de las flores, los árboles y el pasto de un parque bien cuidado. Dios ha creado tal variedad de belleza que la encontramos por dondequiera que uno vaya. Aun cuando estuve en Islandia, cerca del Círculo Polar Ártico, me sorprendió descubrir tanta belleza a mi alrededor: cascadas que quitaban el aliento, el sol a medianoche, las flores silvestres del estío, las montañas con sus picos escarpados y burbujeantes manantiales de agua caliente.

La impresionante imaginación de Dios está impresa en toda la naturaleza. Una cálida noche de verano, mientras acampábamos en familia, le susurré a mi hijo Dylan de nueve años que mirara hacia arriba. Como vivimos en una ciudad en la que las luces opacan las del cielo, no me sorprendió que cuando alzó la vista exclamara: «¡Uau!». Con la cabeza echada hacia atrás, giró con lentitud en círculos, hipnotizado por las estrellas que parecían estar tan cercanas como para tocarlas.

Cuando niño también sentí esa fascinación increíble por el parpadeo infinito de una noche estrellada. Las puestas de sol son otro milagro, con esas tonalidades rojizas, amarillas y violetas que pintan su magia en el horizonte occidental.

La creación natural de Dios cambia de una estación a otra, y de una región a otra. En Oregón, donde resido, la primavera hace que los árboles se cubran de brotes verdes, que el aire se llene del canto de los pájaros y las tibias lloviznas que producen la floración. Debajo del claro cielo azul de verano, las frutas maduran con deliciosa perfección. Las frías noches de otoño dejan su helado toque sobre las calabazas y los árboles resplandecen en una explosión de gloria. Luego los días se acortan y se vuelven más fríos a medida que caen las hojas, las nubes ocultan el sol y la tierra comienza el descanso invernal bajo una silenciosa capa de nieve.

En Arizona, donde vive Alice, el cambio estacional es diferente pero igual de increíble: el increíble brillo del sol en el invierno, la maravilla de la vida en el desierto que florece espontáneamente luego de las lluvias de primavera, los pálidos tonos de un soleado día de verano y la silueta de las palmeras que se recortan contra el cielo azul del otoño.

La belleza de la creación divina es ineludible, si abrimos nuestros ojos (y todos los demás sentidos) para apreciarla. Lo que es más importante, es un recordatorio de la asombrosa e ingeniosa provisión divina para nosotros, de que Dios nos da no solamente los alimentos y el abrigo que necesitamos sino también un mundo asombroso lleno de maravillas que elevan el espíritu.

213

La belleza del arte, la música y la literatura

Disfrutar de la belleza artística es otra forma de sanar todo el cansancio que abate nuestro espíritu. El arte en el más puro sentido es un intento por duplicar o describir algún aspecto de la creación de Dios. Mi diccionario la define como «bellas obras humanas, que van de la danza a la pintura y del teatro a la escultura». En todas sus formas, la belleza artística te eleva por encima de lo ordinario y te brinda un descanso del ajetreo.

Cada mujer agobiada es única, por supuesto. Así como los distintos aspectos de la naturaleza nos atraen de manera diferente, nos sentimos también atraídos hacia distintos tipos de arte. Me agrada preguntarles a mis clientes qué tipo de arte visual toca esa fibra íntima de su sentido de belleza y me fascina la variedad de las respuestas. Muchos se sienten atraídos por los paisajes terrestres o marítimos, por los dibujos de flores o por las casas antiguas. A otros les encantan los retratos, en especial de niños. Otros sienten atracción por la explosión de color impresionista o por la fuerza de las composiciones estilizadas. A mi amiga Julie le encanta encontrar un lugar tranquilo y leer sus revistas de jardinería porque los colores, las texturas y los diseños de las imágenes fotográficas liberan su imaginación y la inspiran.

Hace poco alguien dijo que la música es la pista de fondo de la vida de cada uno. Ya sea jazz, *gospel*, de alabanza, folk, música country, rock, música celta o música clásica esta puede servir como recordatorio de quiénes somos y dónde hemos estado. Puede incluso tener un importante efecto en cómo nos sentimos, ya sea que nos llene de energía o nos calme y relaje.

La Biblia nos relata un momento en que el rey Saúl se sintió perturbado y fuera de control, tal vez sobrecargado de trabajo y preocupaciones. Sin embargo, los sirvientes le pidieron a David que tocara el arpa para él y Saúl se calmó[3]. Conozco a muchas mujeres tensas que han descubierto que la música suave es una buena manera de ahogar los estresantes ruidos que con tanta facilidad nos ponen al borde de la desesperación. Un auricular lleno de bella música puede amortiguar el volumen del mundo exterior y hacernos recobrar la paz en el alma.

Para muchas mujeres agobiadas, por supuesto, nada resulta más relajante que un buen libro. Alguno que esté bien escrito y con un diseño atractivo puede deleitar la mente y cautivar las emociones. Las palabras escritas con ternura poseen una dulzura que elimina todas las preocupaciones. Las palabras bellas en libros bellos son tesoros a los que podemos regresar una y otra vez.

En cuanto al arte se refiere, vale la pena mencionar que el acto creativo puede ser tan balsámico y puede levantar el ánimo tanto como el acto mismo de disfrutar del arte. Haber sido creados a la imagen de Dios significa que hemos sido creados para crear belleza, y muchas mujeres han descubierto que las actividades artísticas pueden hacerlas sentirse realizadas, levantarles el ánimo y resultarles terapéuticas.

Una amiga que toma clases de cerámica me comenta que trabajar con la arcilla la hace sentirse «conectada con la tierra». Otra mujer adora el ballet y ha comenzado a tomar clases de danza. Hay otra que acaba de empezar a escribir poesía. Todas estas mujeres han descubierto que su intento de crear belleza no solo enriquece su vida sino que las hace sentirse varios años más jóvenes.

Los cinco sentidos

Cada vez que el estrés y la agitación comiencen a sofocarte, intenta concentrarte en tus cinco sentidos. La concentración en las realidades físicas que te rodean y experimentarlas por medio de la vista, el sonido, el gusto, el olfato y el tacto es una maravillosa manera de detener la agitación de tu corazón.

Observa la luna llena incrustada en la oscura bóveda tachonada de estrellas o una fotografía de un arco iris brillante que enmarca paisajes jamás visitados. Escucha el murmullo del agua de la fuente o las melodías conocidas de tus canciones preferidas. Toca la suavidad de la piel de un recién nacido o la fría superficie de una estatua esculpida en mármol. Percibe el aroma de la fragancia limpia y fresca del bosque luego de una lluvia de verano o el olor que despide el pan recién horneado. Saborea la dulzura de una frutilla jugosa o la persistente riqueza de una trufa de chocolate amargo.

Una vida más bella — Algunas sugerencias sencillas

* ¡Sal al exterior! Una caminata diaria por el parque o el vecindario podrá disminuir tus niveles de estrés.

* Trae a tu hogar la belleza natural de las flores y el follaje verde, alguna planta de interior sencilla de cultivar, un ramo de flores comprado o incluso un diente de león en un florero.

* Si vives en una zona que no crees que sea bella, pídele a Dios que reenfoque tus ojos para que puedas apreciar la belleza sutil y escondida que te rodea… una flor que asoma de una grieta, un campo bien arado, un árbol bien cuidado dentro de un parque industrial…

* Invierte en una obra de arte que realmente te guste, ya sea un cuadro, una pequeña escultura o un edredón. Colócala en un sitio donde puedas apreciarla todos los días.

* Lleva a un niño al museo o a un concierto y disfruta de redescubrir la belleza a través de sus ojos y oídos.

* Busca un libro sobre un artista, escritor o compositor que admires y ponlo junto a tu cama.

* Tómate un recreo musical. Pon en el equipo de música tu CD o canción preferida, o sintoniza la radio en la emisora que más te guste. Cierra los ojos y disfruta o levántate y baila.

* Apaga la televisión o la radio y haz una pausa silenciosa. Solo siéntate tranquilamente durante quince

✳ minutos e intenta descubrir los diversos sonidos que llegan a tus oídos.

✳ Reserva una tarde para ir hasta una biblioteca o librería que te permita sentarte a leer; mejor aun si te acompaña una taza de té de la cafetería.

✳ ¿Hay alguna actividad creativa que hayas acostumbrado a hacer pero que no has tenido el tiempo de hacerla en estos últimos años? Saca a relucir la guitarra o la máquina de coser o las herramientas para esculpir y aparta un tiempo para redescubrir esa afición.

✳ Elige una hierba o una especia que nunca antes hayas usado, descubre sus aplicaciones y comienza a incluirla en tus preparaciones culinarias. Cuando comas, trata de distinguir la presencia de ese nuevo sabor.

✳ Compra o cose un almohadón, o fórralo con una tela agradable al tacto como un algodón suave, una felpilla aterciopelada, o una suave franela. Disfruta de arrellanarte con algo que deleita tu sentido del tacto.

Uno de los deleites de concentrarnos en lo que revelan nuestros sentidos es que haciéndolo nos mantenemos anclados en el aquí y ahora; y que a su vez nos guarda de obsesionarnos con el pasado o el futuro. Es difícil vivir agradecidos en el presente y además preocuparse por lo que sucedió ayer o lo que podría suceder mañana.

Sin embargo, la belleza que experimentamos con nuestros sentidos no solo necesita estar limitada al momento. Nuestros recuerdos de cosas bellas pueden también ser magníficas herramientas que mantengan a raya el estrés. Creo que debemos tratar de retener en la memoria los bellos recuerdos de nuestra vida para que podamos disfrutarlos una y otra vez cuando la vida parezca sombría. En un solo día frío y lluvioso nos olvidamos del cálido y maravilloso verano soleado; o también nos olvidamos de la plateada belleza de una tarde lluviosa cuando el sol recalienta y agrisa el paisaje. Necesitamos alimentar nuestros recuerdos de manera que no perdamos la belleza que conocimos en el pasado. Se mantiene como una fuente de esperanza y aliento cuando la vida se pone difícil.

Acabo de pasar con mi familia el fin de semana más maravilloso y tranquilo en las costas de Oregón. Mientras escribo, el sol aparece sobre un mar tormentoso. El continuo romper de las olas marca un suave ritmo durante todo el fin de semana. En los últimos días, hemos caminado descalzos por la fina arena grisácea sintiendo el viento sobre el rostro, disfrutamos de deliciosas comidas y percibimos el fresco aroma del océano. Me siento tranquilo y en paz como no me había sentido en semanas.

Mañana debo regresar a la ciudad. Las responsabilidades y obligaciones esperan en desagradable complot para agobiarme. Sin embargo, aunque debo regresar a la enorme pila de tareas pendientes, con frecuencia recordaré el hermoso fin de semana junto al mar; y estos recuerdos maravillosos me ayudarán a conseguir el frescor que necesito.

No hay dudas de que la belleza nos fortalece en medio de nuestros días frenéticos y agitados; de modo que búscala por donde puedas. Alienta y procura su presencia en tu vida. Valórala como un regalo refrescante de parte del Señor que te ama. Al escribir estas últimas líneas, oramos que logres descubrir que el camino del agotamiento al bienestar está salpicado de momentos bellos.

Algo para que lo intentes

Elige una opción:

🌸 Realiza una caminata por la naturaleza y disfruta el sencillo placer de estar al aire libre. Escucha los pájaros, el viento y presta atención a tus pensamientos. Inclínate para percibir la textura del césped, de las hojas, del suelo. Saborea de manera consciente la belleza de la creación de Dios en el mismo lugar donde tú vives.

🌸 ¿Deseaste alguna vez intentar algún tipo de expresión artística? Busca la forma de hacerlo ahora mientras tienes el deseo de hacerlo. Un buen primer paso es investigar las posibilidades. Con frecuencia en los colegios se ofrecen clases de pintura, cerámica, escritura creativa, para aprender a tocar un instrumento e incluso hay clases de danzas modernas.

🌸 Visita un museo o una galería de arte cercana. Trata de apartar una tarde de un fin de semana para que puedas recorrer sin apuro el recinto y disfrutar del regalo de la expresión artística.

🌸 Si en tu ciudad hay un estanque o lago, toma un trozo de pan y ve a alimentar a los patos. O sal de tu casa y fabrica pompas de jabón. Mientras observas cómo flotan en el aire, fíjate en los reflejos irisados que se forman en la superficie.

🌸 Nos encantaría saber cómo has pasado del agotamiento al bienestar. Por favor, visítanos en www.thewornoutwoman.com o envía una nota a [Editorial Unilit, 1360 NW 88 Ave. Miami, Fl. 33172]

🌸 Mientras tanto… tira al aire un poco de papel confeti y ¡a celebrar!

Ideas para un grupo de estudio entre amigas

Elizabeth Barrett Browning le preguntó en cierta oportunidad a Charles Kingsley el secreto de su felicidad. Sencillamente respondió: «Tengo un amigo». Ya sea salir a tomar un café, dar una caminata a la mañana temprano o leer un buen libro, la mayoría de las cosas son mejores cuando se comparten con un amigo.

Si deseas enriquecer tu experiencia de leer este libro, tal vez quieras compartirlo con una amiga, un club de lectores o un grupo bíblico de amigas. La parte al final de cada capítulo que se llama «Algo para que lo intentes» resultará divertida si la repasas con otros. Para quienes desean profundizar un poco más, incluimos algunas preguntas e ideas adicionales para cada capítulo. Si tu grupo desea avanzar con mayor rapidez, los capítulos son suficientemente breves para que puedan leer más de uno por semana.

Más valen dos que uno, porque obtienen más fruto de su esfuerzo.

ECLESIASTÉS 4:9

Prólogo: Noche de invierno

1. ¿En qué etapas de la vida te has sentido más agobiada?

2. ¿Piensas que ahora lo estás?

3. ¿Cómo te sentiste en tu peor día?

4. ¿Cómo llegaste a estar tan agobiada?

Capítulo 1: ¿Qué sucede?

1. Cuando experimentas los síntomas de las páginas 24–25, ¿qué emociones negativas o pensamientos experimentas?

2. Describe algunas de las formas en que tiendes a tratar a los demás cuando estás agobiada.

    ¿De qué forma reaccionan ellos?

    ¿Cómo te sientes en cuanto a eso?

3. ¿Cuáles son algunas de las maneras en que intentas ocuparte de tus propias necesidades?

Capítulo 2: Cuenta tu historia

1. ¿Qué aspectos de tu personalidad te hacen ser más vulnerable o menos vulnerable al agobio?

2. ¿Cuáles han sido algunos de los mejores y peores momentos en tu vida?

    Comenta la manera en que te afectaron los mejores momentos

    Comenta la manera en que te afectaron los peores momentos

3. Piensa en los momentos de tu vida en que te hayas sentido agobiada

¿Cuánto duraron?

¿Cómo saliste de ellos?

Capítulo 3: Lo que debería hacer y lo que tengo que hacer

1. ¿Cuáles son algunos de los *debería hacer* y lo que *tengo que hacer* con que más luchas? ¿De dónde crees que provienen?

2. ¿En qué facetas de la vida sueles compararte más con los demás?

3. ¿Cuál es la diferencia entre tratar de agradar a las personas y ser desprendido? ¿Cómo puedes huir de una actitud sin caer en la otra?

Capítulo 4: Tiempo de cambiar

1. ¿A que tipo de compromiso dijiste que sí y ahora desearías haber dicho que no?

2. Una vez que hayas dicho que sí a cierto compromiso, ¿cómo puedes retractarte con gracia y responsabilidad?

3. Menciona un momento en que hayas dicho que no y te sientas agradecida de haberlo hecho.

Capítulo 5: Apóyate en tus fortalezas

1. ¿Cómo han descrito los demás tus fortalezas y tus dones? ¿Estás de acuerdo? (Nota: Si las mujeres del grupo se conocen bien, dediquen unos minutos a describirse unas a otras las fortalezas y los dones que tienen).

2. ¿De qué manera estás usando tus dones y fortalezas? ¿De qué manera estás trabajando o sirviendo en cuestiones que no corresponden con tus dones y fortalezas?

3. ¿De que maneras puedes pasar a desempeñarte más acorde a tus fortalezas? ¿Hay alguna manera en que este grupo pueda ayudarte en esa transición?

Capítulo 6: Cuando tu luz disminuye

1. Describe el más refrescante renovador minirretiro en el que has participado. Si nunca has ido a uno, describe cómo te gustaría que fuera.

2. ¿Cuáles son las cosas que por lo general te dejan sin energía?

   ¿Por cuánto tiempo has luchado con ellas?

   ¿Qué puedes hacer para cambiarlas?

3. Relee el párrafo de la página 78 sobre el doctor Ogilvie. ¿Qué clase de mujer maravillosa piensas que Dios tenía en mente al crearte?

Capítulo 7: Con el rostro al sol

1. Comparte algunas de las cosas que haces para mantener una actitud positiva.

   ¿Qué es lo que, por lo general, más te ayuda?

   ¿Qué más puedes intentar?

2. ¿Qué cosas suceden que pudieran ponerte de un humor negativo? ¿Qué te ayuda a lidiar con eso?

3. Nombra a una o dos personas que consideras una bendición en tu vida. Menciona algunas de las maneras en que les demuestras tu aprecio.

Capítulo 8: Paraguas amarillos

1. ¿En qué esferas de tu vida o en qué situaciones específicas necesitas el mayor aliento? ¿Qué es lo que por lo general más te ayuda?

> Expresiones positivas
>
> Abrazos y contacto físico
>
> Acción y asistencia

2. Describe uno de los actos de bondad más hermoso que alguien haya tenido contigo. ¿Cuál fue tu reacción?

3. Recuerda la ocasión en que fuiste bendecida por haber hecho algo amable por otra persona. ¿Qué hiciste? ¿De qué forma reaccionó el otro?

Capítulo 9: El secreto de la simplicidad

1. ¿Cómo describirías el desorden mental, emocional y espiritual que reina en tu vida en este momento? Nombra un paso concreto que darás para eliminar ese desorden.

2. Repasa mentalmente tu agenda de esta semana. Intenta mencionar algo que puedas delegar en alguien, posponer para mejor ocasión u omitir definitivamente. Si te cuesta delegar, ¿hay alguien en el grupo que pueda darte una idea que te ayude? ¿Hay alguien entre tu grupo de amigas que quiera intentar compartir o intercambiar alguna tarea?

3. ¿Cuál es la habitación de tu casa más abarrotada de cosas? ¿Qué te impide limpiarla? ¿De qué manera alguien del grupo podría ayudarte?

Capítulo 10: Alimento del alma

1. ¿Cuál es el mejor momento del día en que te resulta más cómodo alimentarte el alma? ¿Qué cosas te distraen o evitan que ese tiempo se preserve y sea significativo?

2. Menciona un libro que hayas leído que te haya servido de inspiración y que haya fortalecido tu vida espiritual.

3. Cuando piensas en escribir un diario, ¿qué pensamientos y sentimientos te surgen?

Si has llevado un diario, describe la frecuencia con la que escribías, qué escribías y de qué manera te afectó el hecho de hacerlo.

Si nunca has mantenido un diario, ¿conoces a alguien que sí lo hace en forma regular? ¿En qué sentido eso enriquece su vida?

Capítulo 11: Debes tener amigas

1. ¿Qué es lo que más aprecias en tus amigas?

Su perspectiva

Su compañía

La oportunidad de desahogarte

El tener alguien a quien rendir cuentas

El aliento

La sabiduría

Los intereses compartidos

Otro

2. Describe las amigas a las que acudes cuando estás más agobiada. ¿Qué te dan ellas que no te brindan otras amigas?

3. ¿En qué sentido el estar agobiada puede herir una amistad? ¿Cómo puedes prevenirlo?

Capítulo 12: Personas de arpillera

1. Cuando piensas en las personas difíciles que hay hoy en tu vida, ¿de qué manera te recuerdan a las personas difíciles del pasado? ¿Cómo actuaste con respecto a ellos?

2. ¿Qué lecciones crees que Dios está tratando de enseñarte por medio de las personas difíciles que hay en tu vida?

3. Comenta de qué forma piensas tratar con ellas de manera sabia, amorosa y saludable.

Capítulo 13: El regalo del perdón

1. ¿Por qué crees que el perdón que nos otorgó Dios está relacionado con nuestro perdón a los demás?

2. ¿Qué clase de ofensa es la que más te cuesta perdonar? ¿Qué «papas» sueles cargar de aquí para allá?

3. ¿Cuáles de los siguientes pasos del perdón es (o podría ser) el más difícil para ti y por qué?

> Reconocer el dolor y el enojo
>
> Recordar por qué el perdón es necesario
>
> Hablar con la persona que te ha herido
>
> Elegir perdonar
>
> Dejar el dolor atrás
>
> Tener paciencia con el proceso
>
> Perdonarte a ti mismo

Capítulo 14: La preocupación es una mecedora

1. ¿Qué partes de tu cuerpo por lo general se ven más afectadas por la preocupación? Describe los síntomas típicos que notas en tu:

> estómago
>
> cabeza
>
> ojos

mandíbula

cuello y hombros

músculos de las piernas

pecho/corazón

2. ¿Bajo qué circunstancias eres más propensa a preocuparte?

3. ¿Cuál ha sido tu estrategia más efectiva hasta el momento para reducir la preocupación?

Capítulo 15: Cuando los sueños se hacen pedazos

1. ¿Qué te impide acudir y apoyarte en Dios? ¿Cómo puedes eliminar esas barreras?

2. Si observaras tu vida desde la perspectiva divina, ¿que verías?

    ¿Qué cosas le agradan a Él?

    ¿Qué desearía Él cambiar para que tu vida fuera más plena, más rica y más satisfactoria?

3. ¿Cómo pueden las demás personas de tu círculo de amigas ayudarte a estar más cerca de Dios (A-C-E-R-C-A)?

Capítulo 16: Comienza bien el día

1. ¿Qué te hace pensar que eres una persona «mañanera» o «noctámbula»?

2. Describe tu rutina matinal. ¿Te ayuda a reducir el estrés o contribuye a él?

3. Luego de leer este capítulo, ¿qué te gustaría cambiar de tu rutina matinal? ¿Hay alguien en tu grupo de amigas dispuesta a asegurarse de que cumplas con lo planeado al menos durante dos semanas?

Capítulo 17: Un sueño profundo

1. Si tus padres crearon un ritual positivo para que te fueras a la cama cuando eras pequeña, relata lo que recuerdas de ello. Si tienes hijos, ¿qué ritual has establecido con ellos?

2. Describe tu propia rutina nocturna.

   ¿Cuán rápido sueles dormirte?

   ¿Qué te mantiene despierta?

   ¿Qué es lo que te ayuda a dormirte?

   ¿Cuáles son las ayudas que prefieres para poder disfrutar de un buen descanso?

3. Luego de leer este capítulo, ¿qué cosa podrías modificar de tu rutina nocturna?

Capítulo 18: Tanta belleza

1. Describe tu sitio preferido que te conmueve con la belleza de la creación de Dios.

2. Menciona al menos un aspecto de cada estación del año que le da una característica propia asombrosamente bella. ¿Cuál es tu estación del año preferida y por qué?

3. ¿Qué tipo de expresión artística, música o literatura te relaja o te llena de energías?

Lecturas recomendadas

Para obtener más ayuda

Los libros que se mencionan cubren una amplia gama de temas como por ejemplo cómo poner en práctica la simplicidad, hacer a un lado las decepciones, alimentar el espíritu y conseguir más horas en el día. Si deseas ayuda adicional para los temas tratados en *La mujer agotada*, estos libros significarán una importante fuente de recursos.

Andersen, Linda. *Interludes: A Busy Woman's Invitation to Personal and Spiritual Rest.* Colorado Springs, CO: Waterbrook, 2001.

Curtis, Brent y John Eldredge. *The Sacred Romance: Drawing Closer to the Heart of God.* Nashville, TN: Thomas Nelson, 1997.

Decker, Dru Scott. *Finding More Time in Your Life: With Wisdom from the Bible and Tools That Fit Your Personality.* Eugene, OR: Harvest House, 2001.

Dillow, Linda. *Calm My Anxious Heart: A Woman's Guide to Contentment.* Colorado Springs, CO: Navpress, 1998.

Farrar, Steve y Mary. *Overcoming Overload: Seven Ways to Find Rest in Your Chaotic World.* Sisters, OR: Multnomah, 2003.

George, Elizabeth. *Life Management for Busy Women: Living Out God's Plan with Passion and Purpose.* Eugene, OR: Harvest House, 2002.

Gray, Alice, Steve Stephens y John Van Diest. *Lists to Live By for Simple Living.* Sisters, OR: Multnomah, 2002.

Hoffman, Sharon. *Come Home to Comfort: Bringing Hope, Happiness, and Harmony to Today's Busy Woman.* Green Forest, AR: New Leaf Press, 2003.

Johnson, Nicole. *Fresh-Brewed Life: A Stirring Invitation to Wake Up Your Soul.* Nashville, TN: Thomas Nelson, 2001.

Kent, Carol. *Secret Longings of the Heart: Overcoming Deep Disappointment and Unfulfilled Expectations.* Colorado Springs, CO: Navpress, 1992.

McGinnis, Alan Loy. *The Friendship Factor: How to Get Closer to the People You Care For.* Minneapolis, MN: Augsburg Fortress, 1979.

McMenamin, Cindi. *Heart Hunger: Letting God Meet Your Emotional Needs.* Eugene, OR: Harvest House, 2000.

Otto, Donna. *Finding a Mentor, Being a Mentor: Sharing Our Lives as Women of God.* Eugene, OR: Harvest House, 2001.

Otto Donna. *Get More Done in Less Time?And Get On with the Good Stuff.* Eugene, OR: Harvest House, 1995.

Reeve, Pamela. *Deserts of the Heart: Finding God During the Dry Times.* Sisters, OR: Multnomah, 2001.

Smedes, Lewis B. *Forgive and Forget: Healing the Hurts We Don't Deserve.* Reimpresión. San Francisco: HarperSan Francisco, 1996.

Stack, Debi. *Martha to the Max: Balanced Living for Perfectionists.* Chicago: Moody, 2001.

Thomas, Kim. *Even God Rested: Why It's Okay for Women to Slow Down.* Eugene, OR: Harvest House, 2003.

Tirabassi, Becky. *Change Your Life: Achieve a Healthy Body, Heal Relationships and Connect with God.* New York: Berkley Publishing Group, 2001.

Vredevelt, Pam. *Letting Go of Worry and Anxiety.* Sisters, OR: Multnomah, 2001.

Vredevelt, Pam. *Letting Go of Disappointments and Painful Losses.* Sisters, OR: Multnomah, 2001.

Waggoner, Brenda. *The Velveteen Woman: Becoming Real Through God's Transforming Love.* Colorado Springs, CO: Chariot Victor, 2002.

Weaver, Joanna. *Having a Mary Heart in a Martha World.* Revisado. Colorado Springs, CO: Waterbrook, 2002.

West, Kari. *Dare to Trust, Dare to Hope Again: Living With Losses of the Heart.* Colorado Springs, CO: Chariot Victor, 2001.

Wilkinson, Bruce. *The Dream Giver: Following Your God-Given Destiny.* Sisters, OR: Multnomah, 2003.

Wilson, Mimi y Shelly Cook Volkhardt. *Holy habits: A Woman's Guide to Intentional Living.* Colorado Springs, CO: Navpress, 1999.

Yancey, Philip. *Dissapointment with God: Three Questions No One Asks Aloud.* Grand Rapids, MI: Zondervan, 1988.

Para elevar el espíritu todos los días

Hay tantos libros de meditaciones que es difícil escoger solo unos pocos. Estos son algunos de los que hemos leído más de una vez. Los tenemos con las hojas ya gastadas, subrayados y con notas en los márgenes. Pensamos que son excelentes tanto para tu tiempo devocional por la mañana como también como lectura antes de apagar la luz por la noche.

Brownlow, LeRoy. *A Psalm in My Heart.* Fort Worth, TX: Brownlow, 1989.

Spurgeon, Charles Haddon. *Beside Still Waters: Words of Comfort for the Soul*, editado por Roy H. Clarke. Nashville, TN: Nelson Reference, 1999.

Cowman, L. B. *Streams in the Desert: 366 Daily Devotional Readings.* Edición revisada, editado por James Reimann. Grand Rapids, MI: Zondervan, 1999.

Galvin, James C., Linda Chaffee Taylor y David R. Veerman. *One Year with Jesus NLT: 365 Daily Devotions.* Wheaton, IL: Tyndale House, 2000.

Keller, Weldon Phillip. *A Shepherd Looks at Psalm 23: An Inspiring and Insightful Guide to One of the Best-Loved Bible Passages.* Grand Rapids, MI: Zondervan, 1997.

Myers, Ruth y Warren. *31 Days of Praise: Enjoying God Anew.* Sisters, OR: Multnomah, 2002.

Omartian, Stormie. *El poder de una mujer que ora,* Editorial Unilit, Miami, Fl. 2003.

Para divertirse y relajarse (además de ser fuente de inspiración)

Para aliviar el estrés, nada mejor que un buen relato. La ficción puede que no cure el síndrome de la mujer agotada, pero puede brindar un maravilloso respiro al espíritu abatido así también como cierta perspectiva sobre cómo vivir bien y sabiamente. La siguiente serie de libros ha sido probada por el tiempo y aprobada por las mujeres agobiadas.

Gunn, Robin Jones. The Glenbrooke Series: *Secrets, Whispers, Echoes, Sunsets, Clouds, Waterfalls, Woodlands, Wildflowers.* Sisters, OR: Multnomah.

Karon, Jan. Mitford Series: *At Home in Mitford; A Light in the Window; These High, Green Hills; Out to Canaan; A New Song; A Common Life; In This Mountain; Shepherds Abiding.* New York: Penguin USA.

Oke, Janette. Love Comes Softly Series: *Loce Comes Softly, Love's Enduring promise, Love's Long Journey, Love's Abiding Joy, Love's Unending Legacy, Love's Unfolding Dream, Love Takes Wing, Love Finds a Home.* Minneapolis, MN: Bethany House.

Notas

Prólogo: Noche de invierno

1. Dawn Miller, *The Journal of Callie Wade* (New York: Pocket Books, 1996).

Capítulo 2: Cuenta tu historia

1. Salmo 139:3–16. Nota: El tema de las personalidades o temperamentos ha fascinado a la gente durante miles de años y abundan las teorías sobre la personalidad. Algunos de los modelos más populares en la última mitad del siglo pasado incluyen los modelos de «temperamentos» que explican los escritores como Tim LaHaye y Florence Littauer así también como el conocido test de Myers-Briggs, el instrumento de Keirsey-Bates, el modelo DISC y demás. Si te interesa descubrir más acerca de las personalidades o los temperamentos te sugerimos que consultes varios libros o, mejor aun, que consultes a un maestro o consejero de confianza.
2. Edith Schaeffer, *The Hidden Art of Homemaking* (Wheaton, IL: Tyndale House, 1971), 128–30.
3. Cantares 2:4

Capítulo 3: Lo que debería hacer y lo que tengo que hacer

1. Romanos 12:3
2. Ver Salmo 139:13–16; Juan 3:16; 1 Pedro 5:7.
3. Mary Lyn Miller, "Finding My Passion", en *Chicken Soup for Surviving Soul: 101 Stories of Courage and Inspiration from Those Who Have Survived Cancer* (Deerfield Beach, FL: Health Communications, 1996), según figura en la página web de la vida y consultorio vocaciones de Mary Lyn Miller, http://www.l-cc.com/press_soup.htm, copyright Mary Lyn Miller 2002.
4. 1 Tesalonicenses 2:4

Capítulo 4: Tiempo de cambiar

1. Salmo 23:2–3

Capítulo 5: Apóyate en tus fortalezas

1. Max Lucado, *Just Like Jesus* (Nashville, TN: Word, 1998), 96.
2. Patrick Kavanaugh, *You Are Talented!* (Grand Rapids, MI: Chosen, 2002), 17–8.
3. Nicole Johnson, *Fresh-Brewed Life: A Stirring Invitation to Wake Up Your Soul* (Nashville, TN: Thomas Nelson, 2001).
4. Romanos 12:3–12
5. Mateo 25:21,23

Capítulo 6: Cuando tu luz disminuye

1. Adaptado de una historia narrada por John Maxwell en *Developing the Leader Within You* (Nashville, TN: Thomas Nelson, 1993), 29. También mencionada por Lucado en *Just Like Jesus* (Nashville, TN: Word, 1998), 97. Esta es mi propia versión, no es la de Maxwell ni la de Lucado.
2. Adaptado de Anne Graham Lotz, *Just Give me Jesus* (Nashville, TN: Word, 2000), 172.
3. Efesios 5:17
4. Jean Fleming, *Between Walden and the Whirlwind* (Colorado Springs, CO: Navpress, 1985).

Capítulo 7: Con el rostro al sol

1. Charles R. Swindoll, *Strengthening Your Grip* (Waco, TX: Word, 1986).
2. Margery Silver y Thomas Perls, *Living to 100: Lessons in Living to Your Maximum Potential at Any Age* (New York: Basic, 2000).
3. Proverbios 23:7, RV-60
4. Filipenses 4:8, RV-60
5. Proverbios 17:22, RV-60
6. Paul Meyer, *Unlocking Your Legacy* (Chicago; Moody, 2002), 224.
7. *«Count Your Blessings»*, Johnson Oatman (h.) (letra) y Edwin O. Excell (música), 1897.
8. Salmo 107:1; 118:1; 136:1
9. Nancie Carmody, *Family Circle*, November 16, 1999, 21
10. Seleccionado de Alice Gray, Steve Stephens, John Van Diest, comp., *Lists to Live By for Simple Living* (Sisters, OR: Multnomah, 2002), 78. Usado con permiso de los autores.

Capítulo 8: Paraguas amarillos

1. Hechos 20:35
2. Gary Smalley y John Trent, *Leaving the Light On* (Sisters, OR: Multnomah, 1994).
3. Adaptado de Susannah Seton, Robert Taylor y David Greer, comp., *Simple Pleasures* (Berkeley, CA: Conari Press, 1996), 194.

Capítulo 9: El secreto de la simplicidad

1. Anne Morrow Lindbergh, *Gift from the Sea* (New York: Random House, 1955, 1975), 19, 21.
2. Salmo 51:10
3. Mateo 6:19
4. Randy Alcorn, *El principio del tesoro* (Editorial Unilit, Miami, Fl. 2002), 53-4.
5. Sugerimos *Get More Done in Less Time* de Donna Otto (Eugene, OR: Harvest House, 1995).

Capítulo 10: Alimenta el alma

1. Richard A Swenson, *Margin: Restoring Emotional, Physical, Financial, and Time Reserves to Overloaded Lives* (Colorado Springs, CO: Navpress, 1995).
2. Salmo 42:1,
3. Barbara Curtis, *«Chapel of the Wash and Dry»*, en Jack Canfield y otros, editores, *Chicken Soup for the Christian Woman's Soul: Stories to Open the Heart and Rekindle the Spirit* (Deerfield Beach, FL: Health Communications, 2002), 362.

4. Rhonda D. Byrd, «*The Year at-a-Glance!*» *Women's Ministry Network*, diciembre 12 de 2002, "http://www.womensministry.net/IdeaBank/resultsoutreach.htm" http://www.womensministry.net/IdeaBank/resultsoutreach.htm (se consultó el 30 de septiembre de 2003).

5. Pamela Reeve, *Faith Is* (Sisters, OR: Multnomah, 1970).

6. Kathy Callahan-Howell, «*Mary Heart, Martha Brain*», *Leadership* 23, Nro. 4 (otoño 2001): 56.

7. Joanna Bloss, «Spiritually Dry», *Virtue* diciembre 1999/enero 2000, 51.

8. Ruth Bell Graham, *Legacy of a Pack Rat* (Nashville, TN: Thomas Nelson, 1989), 53.

9. Carole Mayhall, *When God Whispers: Glimpses of an Extraordinary God by an Ordinary Woman* (Colorado Springs, CO: Navpress, 1994), 15.

Capítulo 11: Debes tener amigas

1. Condensando de «*Five Ways to Find a Friend*», *Today's Christian Woman* 23, Nro. 2 (Marzo/Abril 2001): 56. Usado con permiso del autor.

2. 1 Corintios 13:7

3. Eclesiastés 4:9—10,12

Capítulo 12: Personas de arpillera

1. Efesios 4:15

2. Mateo 5:44

Capítulo 13: El regalo del perdón

1. Walter Wangerin (h.), *As for Me and My House* (Nashville, TN: Thomas Nelson, 1987), 97.

2. Efesios 4:32, RV-60, énfasis añadido.

3. 1 Juan 1:9

4. Ken Sande, *The Peacemaker*, 2da. Edición (Grand Rapids, MI: Baker, 1997), 189–90.

5. Incluido en Robert Boyd Munger, *What Jesus Says* (Ada, MI: Revell, 1955).

Capítulo 14: La preocupación es una mecedora

1. Dale Carnegie, *How to Stop Worrying and Start Living* (New York: Simon & Schuster, 1944), 60.

2. Mateo 6:25,34

3. Joanna Weaver, *Having a Mary Heart in a Martha World* (Colorado Springs, CO: Waterbrook, 2000).

4. Ampliación de una oración hecha originalmente en una emisora de radio alrededor de 1944.

5. Donna Otto, *Get More Done in Less Time* (Eugene, OR: Harvest House, 1995), 30.

6. 1 Pedro 5:7

7. Filipenses 4:7

Capítulo 15: Cuando los sueños se hacen pedazos

1. Salmo 30:5

2. Ver Salmo 56:8 en la versión RV-60. Otras versiones traducen este versículo de manera diferente, y dicen que Dios escribió nuestras lágrimas en un libro. La idea es la misma, pero nos encanta el pensamiento de que el Señor recoge con ternura nuestras lágrimas en un recipiente.

3. Mateo 11:28
4. Hebreos 13:5 e Isaías 43:1–2
5. Me encanta especialmente Isaías 41:10
6. Condensado y parafraseado de *Elástico fresco para madres estiradas*, de Barbara Johnson (Editorial Unilit, Miami, Fl. 2001), 160.
7. Isaías 61:3
8. Adaptado de *Simple Pleasures* de Susannah Seton, Robert Taylor y David Greer, comp. (Berkeley, CA: Conari Press, 1996), 174.

Capítulo 16: Comienza bien el día

1. C. S. Lewis, *Mere Christianity* (New York: Macmillan, 1978), capítulo 30.
2. Linda Andersen, *Slices of Life*, citado en *Morning Coffee and Time Alone: Bright Promise for a New Day* de Alice Gray, comp. (Sisters, OR: Multnomah, 2000). Usado con permiso. Autora de seis libros entre los que se incluyen *Interludes* y *The Too Busy Book* (2004).
3. Leslie Sansone, «*Come Walk with Me*», *Woman's Day*, 27 de mayo de 2003, 58.
4. Dolley Carlson, *Gifts from the Heart* (Colorado Springs, CO: Chariot Victory, 1998), 41.

Capítulo 17: Un sueño profundo

1. Ruth Bell Graham, *Prodigals: And Those Who Love Them* (Grand Rapids, MI: Baker, 1999).
2. Efesios 4:26
3. Salmo 63:6–8
4. Proverbios 3:24
5. Salmo 121:4

Capítulo 18: Tanta belleza

1. Mateo 7:7
2. Anne Morrow Lindbergh, *Gift from the Sea* (New York: Pantheon, 1955, 1975), 108.
3. 1 Samuel 16:16